国家电网有限公司
STATE GRID
CORPORATION OF CHINA

（2023 版）

国家电网有限公司
供应商资质能力信息核实规范

第八册
仪器仪表

国家电网有限公司　组编

中国电力出版社
CHINA ELECTRIC POWER PRESS

内 容 提 要

本书是《国家电网有限公司供应商资质能力信息核实规范（2023版）》中的《仪器仪表》分册，包括 SF_6 气体检漏仪，紫外线成像仪，红外热成像仪，避雷器阻性电流测试仪，高压介质损耗测试仪，电压监测仪，局部放电测试仪，电缆故障探测仪，钳形电流表，色谱仪，SF_6 纯度测试仪、SF_6 电气设备微量水分测试仪、SF_6 分解产物检测仪、SF_6 气体综合测试仪，串联谐振装置，继电保护测试仪 13 项供应商资质能力信息核实规范。

本书可供电力企业物资管理、数据管理等相关专业的工作人员及电力企业物资供应商参考学习。

图书在版编目（CIP）数据

国家电网有限公司供应商资质能力信息核实规范. 第八册，2023 版. 仪器仪表 / 国家电网有限公司组编. —北京：中国电力出版社，2023.12
ISBN 978-7-5198-8344-7

Ⅰ. ①国…　Ⅱ. ①国…　Ⅲ. ①电力工业–工业企业管理–供销管理–管理规程–中国②电工仪表–供销管理–管理规程–中国　Ⅳ. ①F426.61-65

中国国家版本馆 CIP 数据核字（2023）第 225462 号

出版发行：中国电力出版社
地　　址：北京市东城区北京站西街 19 号（邮政编码 100005）
网　　址：http://www.cepp.sgcc.com.cn
责任编辑：张冉昕　穆智勇
责任校对：黄　蓓　于　维
装帧设计：张俊霞
责任印制：石　雷

印　　刷：三河市万龙印装有限公司
版　　次：2023 年 12 月第一版
印　　次：2023 年 12 月北京第一次印刷
开　　本：787 毫米×1092 毫米　16 开本
印　　张：11.75
字　　数：260 千字
印　　数：0001—2500 册
定　　价：60.00 元

编 委 会

《国家电网有限公司供应商资质能力信息核实规范（2023版）第八册 仪器仪表》

编 写 人 员

熊汉武	孙 萌	储海东	陈金猛	曾思成	张婧卿
孔宪国	郝嘉诚	倪长爽	李思行	姜璐璐	李 萍
汪 贝	王 冬	王 兵	刘 松	许志斌	田 宇
吴 云	杨 帅	江 洪	刘 敏	车东昀	贾璐璐
陈慧杰	吴晓亮	吴皇均	刘 韬	万 皓	邓 勇
尹 涛	周 亚	廖富勇	周银春	邹林城	陈威浩

前　言

国家电网有限公司采购电网设备材料主要采用公开招标的方式。在电网设备材料的招标文件中，对投标人的资质业绩、生产能力做了明确要求。供应商投标时，在投标文件中需要提供与资质业绩、生产能力相关的大量支持文件，专家在评标时也只能根据投标文件对供应商进行评价。为减少供应商制作投标文件时的重复性劳动，国家电网有限公司开展了供应商资质能力信息核实工作。

为确保供应商资质能力信息核实工作的严谨规范，国家电网有限公司组织编制了涵盖主要输变电设备材料、仪器仪表、辅助设备设施等物资类及服务类供应商资质能力信息核实规范，对供应商资质情况、设计研发、生产制造、试验检测、原材料/组部件管理等方面的核实内容、核实方法及有关要求做了明确的规定。本套核实规范不仅是国家电网有限公司开展供应商资质能力信息核实的依据，同时供应商也可以对照核实规范自查与改进。

国家电网有限公司将供应商资质能力信息核实作为一项常态化工作，定期组织开展，供应商自愿参加。供应商将相关资质业绩信息填入电子商务平台中的结构化模板，国家电网有限公司组织相关专家根据供应商提交的支持性材料，通过现场核对的方式对电子商务平台中的信息进行核实。供应商投标时可直接应用已核实的资质能力信息，不再出具对应事项的原始证明材料，实现"基本信息材料一次收集、后续重复使用并及时更新"。这不仅大大降低了投标成本，也避免了供应商在制作投标文件时因人为失误遗漏部分材料而导致的废标，进一步优化了营商环境。

资质能力信息核实并非参与投标的前置必备条件，未参加核实的供应商仍可正常参与招投标活动。国家电网有限公司没有设置"合格供应商名录"。2020 年开始，取消"一纸证明"发放，强化信息在线公示及应用，供应商随时登录电子商务平台查看，对核实过的资质能力信息，供应商投标时可直接在线应用，但其不是资格合格标志，仅作为评标时评审参考。

国家电网有限公司已出版《供应商资质能力信息核实规范（2022 版）》第一册至第五册，涵盖输电变电配电网络主要设备、材料、营销类物资，本次将 2022 版中未出版的核实规范按产品类别及适用范围，整理分编为 35kV 及以上输变电设备（二），营销、二次设备、信息化设备、通信设备（二），仪器仪表，辅助设备设施及办公用品，工程服务及水电物资五个分册，形成《供应商资质能力信息核实规范（2023 版）》。系列丛书共二版十册，涵盖 126 项核实规范。

核实规范在编制中，得到了国家电网有限公司各单位、相关专家及部分供应商的大力支持与配合，在此表示衷心的感谢！

核实规范涉及内容复杂，不足之处在所难免，希望国家电网有限公司系统内外各单位及相关供应商在应用过程中多提宝贵意见。

编　者

2023 年 12 月

总　目　录

SF$_6$气体检漏仪
供应商资质能力信息核实规范

目　次

SF$_6$气体检漏仪供应商资质能力信息核实规范

1 范围

本文件是国家电网有限公司对 SF$_6$ 气体检漏仪供应商的资质条件以及制造能力进行信息核实的依据。

本文件适用于国家电网有限公司 SF$_6$ 气体检漏仪供应商信息核实工作。

供应商为中华人民共和国境内注册成立的 SF$_6$ 气体检漏仪制造商；或中华人民共和国境外的 SF$_6$ 气体检漏仪制造商在中华人民共和国境内注册成立的全资或控股的合资企业，或者在中华人民共和国境内注册成立负责销售工作的全资或控股子公司。

2 规范性引用文件

下列文件中的内容通过文中的规范性引用而构成本文件必不可少的条款。其中，注日期的引用文件，仅该日期对应的版本适用于本文件；不注日期的引用文件，其最新版本（包括所有的修改单）适用于本文件。下列文件中相同或相似条款之间存在不一致时，按要求较高的指标执行。

GB 191　包装　储运　图示标志

GB 4793.1　测量、控制和实验室用电气设备的安全通用要求　第 1 部分：通用要求

GB 11463　电子测量仪器可靠性试验

GB/T 2423　电工电子产品环境试验

GB/T 4208　外壳防护等级（IP 代码）

GB/T 6587　电子测量仪器通用规范

GB/T 6592　电工和电子测量设备性能表示

GB/T 11023　高压开关设备六氟化硫气体密封试验方法

GB/T 17626　电磁兼容　试验和测量技术

GB/T 18268.1　测量、控制和实验室用的电设备　电磁兼容性要求　第 1 部分：通用要求

DL/T 846.6　高电压测试设备通用技术条件　第 6 部分：六氟化硫气体检漏仪

Q/GDW 11304.1　电力设备带电检测仪器技术规范　第 1 部分：带电检测仪器通用技术规范

Q/GDW 11304.15　电力设备带电检测仪器技术规范　第 15 部分：SF$_6$气体泄漏红外成像法带电检测仪器技术规范

3 资质信息

3.1 企业信息

3.1.1 ※基本信息

查阅营业执照。

供应商为中华人民共和国境内依法注册的法人或其他组织:

a) 供应商为中华人民共和国境内注册成立的 SF_6 气体检漏仪制造商。

b) 供应商为中华人民共和国境外的 SF_6 气体检漏仪制造商在中华人民共和国境内注册成立的全资或控股的合资企业,或者在中华人民共和国境内注册成立负责销售工作的全资或控股子公司。

3.1.2 法定代表人/负责人信息

查阅法定代表人/负责人身份证(或护照)。

3.1.3 财务信息

查阅审计报告、财务报表,其中审计报告为具有资质的第三方机构出具,注册资本和股本结构。

查阅验资报告。

3.2 报告证书

3.2.1 检测报告或检验报告

查阅报告、送样样品生产过程记录以及其他支撑资料。报告出具机构需为有 CNAS 检测或 CMA 资质的第三方检测机构。

a) 若供应商为中华人民共和国境内注册成立的 SF_6 气体检漏仪制造商:检验报告中的制造单位(生产单位)及委托单位为供应商自身。

b) 若供应商为中华人民共和国境外的 SF_6 气体检漏仪制造商在中华人民共和国境内注册成立的全资或控股的合资企业,或者在中华人民共和国境内注册成立负责销售工作的全资或控股子公司(直接或间接相对控股):检验报告中的产品制造单位(生产单位)为境外的 SF_6 气体检漏仪制造商,委托单位可以为该境外制造商在中华人民共和国境内注册成立的全资或控股的合资企业,或者在中华人民共和国境内注册成立负责销售工作的全资或控股子公司(直接或间接相对控股),并提供供应商与产品制造商之间的关系证明文件。

c) 检验报告符合国家标准、行业标准中规定的检验项目的要求,检验项目见附录 A。

d) 产品在设计、材料或制造工艺改变或者产品转厂生产或异地生产时,需重新取得检验报告。

3.2.2 ※质量管理体系

制造商具有健全的质量管理体系,且运行情况良好,查阅管理体系认证书或其他证明材料。

3.3 产品业绩

查阅供货合同及相对应的合同销售发票。

a) 境外业绩提供中文版本或经公证后的中文译本合同，出口业绩需附加提供报关单。

b) 不予统计的业绩有（不限于此）：

　　1) 与同类产品制造厂之间的业绩。

　　2) 作为元器件、组部件的业绩。

　　3) 供应商与经销商、代理商的业绩。

　　4) 证明材料无法确认供货业绩要求的所有要素的。

　　5) 与非最终用户（即业主单位或负责所供货物运行、使用的单位以外的主体）签订的供货合同。

4 设计研发能力

4.1 获得专利情况

查阅发明专利、实用新型专利。

4.2 参与标准制定情况

查阅参与制定并已颁布的国家标准、行业标准等证明材料信息。

4.3 产品获奖情况

查阅产品获奖证书等相关信息。

5 生产制造能力（制造商适用）

5.1 ※生产场地

查阅不动产权证书、土地使用权证、房屋产权证、房屋租赁合同等相关信息，实际察看生产场地。

具有与产品相配套的场地（包括专用生产组装场地、原材料存放场地、试验、调试场地等），生产场地为自有或长期租赁。

5.2 生产工艺

5.2.1 工艺控制文件

各工序的作业指导书、工艺控制文件齐全、统一、规范。各工艺环节中无国家明令禁止的行为。

5.2.2 关键生产工艺控制

查阅工艺控制文件、管理体系文件、工艺流程控制记录。

a) 查阅生产、检测工艺控制文件以及工艺流程控制记录等相关信息。

b) 查阅供应商整套系统组装和联调工艺控制文件以及流程控制记录等相关信息。

c) 现场有明显的标识牌，现场有生产设备的操作规程。

5.3 ※生产设备

查阅设备的现场实际情况及购买发票等相关信息。

a) 具有与产品相适应的生产设备。主要生产设备需至少包含：装配类设备、焊接类设备、包装类设备等。生产设备为自有，不能租用借用其他公司的设备，且能正常使用。建立设备管理档案（包括使用说明、台账、保养维护记录等）。

b）自主研制的设备具有设计图纸、委外加工协议等支撑材料。

5.4 ※人员构成

查阅人力资源部门管理文件（如劳动合同、人员花名册、社保、培训记录、职称证书、学历或学位证书等），核实管理人员、设计研发人员、生产制造人员、试验检验人员、售后服务人员等。

a）员工与供应商签订劳动合同，具有社保证明，不得借用其他公司的人员。

b）中、高级职称人员具有相应职称证书。

c）供应商组织员工定期培训，并且对培训记录进行存档管理。

6 试验检测能力（制造商适用）

6.1 试验检测管理

查阅相关的规章制度文件、过程记录以及出厂试验报告等相关信息。

供应商具有试验场所管理制度、操作规程、试验标准以及完整的试验数据记录。

6.2 ※试验调试场所

查看试验调试场所现场情况。

具有与核实产品相配套的试验场所，试验场所环境满足试验要求，试验场所不临时租用或借用。

6.3 ※试验检测设备

查阅设备的现场实际情况及购买发票等相关信息。

a）主要的试验设备包括：六氟化硫配气装置、流量控制器等，详见附录 B。试验检测设备为自有，不能租用借用其他公司的设备，且能正常使用。

b）试验中使用的计量器具及检测设备具备有效期内合格的检定/校准证书或检测报告。建立设备管理档案（包括使用说明、台账、保养维护记录等）。

6.4 现场抽样

6.4.1 抽查出厂试验报告

现场抽查至少两份出厂试验报告，报告规范完整、检测结果需满足相关标准要求。

6.4.2 ※抽样检测

原则上现场应对与被核实产品相同或相近型式的产品进行抽样检验。样品应在供应商声明的合格产品中抽取，抽样检验项目一般在出厂试验项目中选取。抽样检验重点核实供应商试验方法、试验场地环境、人员操作能力、仪器设备有效性和产品性能等方面。

现场抽取申请核实且具有出厂合格证的产品两台，每台至少抽检出厂试验报告中两项试验，检测结果需与产品出厂试验报告一致。出厂检验项目见附录 C。

7 原材料/组部件管理（制造商适用）

7.1 管理规章制度及执行情况

查阅原材料/组部件（元器件）管理规章制度，并且按照原材料/组部件管理制度严格执行。

a) 具有进厂检验制度及其他原材料/组部件管理制度。

b) 具有主要原材料/组部件供应商筛选制度。

c) 按工艺文件所规定的技术要求和相应管理文件，根据生产计划采购。主要原材料/组部件供应商变更有相应的报告并在相关工艺文件中说明。

d) 按规定进行进厂检验，验收合格后入库。

e) 分类独立存放，物资仓库有足够的存储空间和适宜的环境，实行定置管理，标识清晰、正确、规范、合理。

f) 原材料/组部件使用现场记录内容规范、详实，并具有可追溯性。

7.2 主要组部件情况

查阅产品主要组部件的采购合同或协议等相关信息。

8 数智制造

应用互联网和物联网技术，打造"透明工厂"，生产制造、试验检验、原材料/组部件管理等信息对买方公开，接入国家电网电工装备智慧物联平台。

加强数字基础设施建设，推动数字技术与先进制造技术融合发展。供应商相关业务数据、原材料/组部件检验数据、生产过程检验数据、出厂试验数据、成品信息数据和视频数据等支持自动采集或系统推送。数据接口需保障数据完整性、正确性、安全性，具有可扩展性、通信实时性等。

9 绿色发展

查看供应商资源能源消耗情况、战略体系、绿色认证及其他支撑材料，包括：

a) 相关油、水、气、煤及电力、热力等能源消耗，建立能源利用统计报表制度，分析生产经营环节能源利用情况；

b) 相关绿色工厂认证、绿色产品标识、绿色供应链管理等相关资质文件；

c) 将绿色发展理念融入战略体系中，并形成明确的绿色发展目标，制定详实且具有操作性的实施路径；

d) 建立、实施并保持支撑企业绿色低碳发展的绿色管理体系情况，包括但不限于能源管理体系、碳排放管理体系、能源计量管理体系等；

e) 使用无害原材料，禁止使用国家明令禁止的淘汰设备、工艺技术等，并应用国家鼓励的节能设备与先进工艺技术情况；

f) 建立完善的绿色采购管理制度，推广绿色包装材料应用，并建立系统的循环利用体系，实施绿色制造情况；

g) 生产环节的大气污染物排放、水体污染物排放、固体废弃物排放、噪声排放等基础排放符合相关国家标准及地方标准要求情况。

10 售后服务及产能

10.1 售后服务

查阅管理文件、组织机构设置、人员档案以及售后服务记录等相关信息，查阅以往的售后服务记录，记录完整规范，并具有可追溯性。

10.2 产能（制造商适用）

通过供应商提供的产能报告，根据产品生产的瓶颈进行判断。产能报告中需体现产能瓶颈，产能按照 365 工作日×8 小时工作制计算。

本文件中所有核实内容都将对供应商参与招投标活动有重要影响，其中标记"※"的内容是以往招标必备项的要求，也是重点核实内容，其他未标记"※"的为一般核实内容。

附 录 A
检 验 项 目

A.1 红外成像检漏仪（定性）

Q/GDW 11304.15—2021 规定的红外成像检漏仪（定性）检验项目见表 A.1。

表 A.1 红外成像检漏仪（定性）检验项目

序号	检验项目	
1	外观检查	
2	功能检验	基本功能
3		专项功能
4	安全试验	接触电流
5		介电强度试验
6	性能测试	噪声等效温差
7		检出限及探测距离
8		响应时间
9		测温范围及准确度
10		连续稳定工作时间试验
11	电磁兼容性试验	静电放电抗扰度试验
12		射频电磁场辐射抗扰度试验
13		射频场感应的传导骚扰抗扰度试验
14		工频磁场抗扰度试验
15		电压暂降、短时中断抗扰度试验
16	环境适应性试验	温度试验
17		湿度试验
18		振动试验
19		冲击试验
20	包装运输试验	振动试验
21		自由跌落试验
22		翻滚试验
23	外壳防护性试验	防尘试验
24		防水试验

A.2 定量检漏仪

DL/T 846.6 规定的定量检漏仪检验项目见表 A.2。

表 A.2 定量检漏仪检验项目

序号	检验项目	
1	外观检查	
2	基本功能检查	
3	电气安全性能试验	绝缘电阻试验
		绝缘强度试验
4	检测性能试验	测量范围试验
		允许误差（示值误差、准确度）试验
		重复性试验
		响应时间试验
		最小检出限或灵敏度（浓度）
		零点漂移试验
		量程漂移试验
5	电磁兼容性试验	静电放电抗扰度试验
		射频电磁场辐射抗扰度试验
		快速瞬变脉冲群抗扰度试验
		浪涌（冲击）抗扰度试验
		射频场感应的传导骚扰抗扰度试验
		工频磁场抗扰度试验
		电压暂降和短时中断抗扰度试验
6	环境适应性试验	温度试验
		湿度试验
		振动试验
		冲击试验
7	包装运输试验	振动试验
		自由跌落试验
		翻滚试验
8	外壳防护性试验	防尘试验
		防水试验

A.3 其他定性检漏仪（卤素效应式等）

DL/T 846.6 规定的其他定性检漏仪（卤素效应式等）检验项目见表 A.3。

表 A.3 其他定性检漏仪（卤素效应式等）检验项目

序号	检验项目	
1	外观检查	
2	基本功能检查	
3	电气安全性能试验	绝缘电阻试验
		绝缘强度试验
4	检测性能试验	最小检出限（灵敏度）
		报警响应时间
		连续稳定工作时间
		声光报警功能试验
5	电磁兼容性试验	静电放电抗扰度试验
		射频电磁场辐射抗扰度试验
		射频场感应的传导骚扰抗扰度试验
		工频磁场抗扰度试验
6	环境适应性试验	温度试验
		湿度试验
		振动试验
		冲击试验
7	包装运输试验	振动试验
		自由跌落试验
		翻滚试验
8	外壳防护性试验	防尘试验
		防水试验

附 录 B
试 验 检 测 设 备

试验检测设备见表 B.1。

表 B.1 试 验 检 测 设 备

序号	设备名称
1	※六氟化硫配气装置
2	※流量控制器
3	※气体流量计
4	※示波器
5	※检漏仪校准装置（含标气）
6	※数字万用表
7	黑体辐射源（※红外法）
8	※高低温湿热、老化箱
9	振动试验台

注　※为主要试验设备。

附 录 C
出 厂 检 验 项 目

C.1 红外成像检漏仪（定性）

Q/GDW 11304.15 规定的红外成像检漏仪（定性）出厂检验项目见表 C.1。

表 C.1 红外成像检漏仪（定性）出厂检验项目

序号	出厂检验项目	
1	外观检查	
2	功能检验	基本功能
3		专项功能
4	安全试验	接触电流
5		介电强度试验
6		检出限及探测距离
7		响应时间
8		连续稳定工作时间试验

C.2 定量检漏仪

DL/T 846.6 规定的定量检漏仪出厂检验项目见表 C.2。

表 C.2 定量检漏仪出厂检验项目

序号	出厂检验项目	
1	外观检查	
2	基本功能检查	
3	电气安全性能试验	绝缘电阻试验
		绝缘强度试验
4	检测性能试验	测量范围试验
		允许误差（示值误差、准确度）试验
		重复性试验
		响应时间试验
		最小检出限或灵敏度（浓度）
		零点漂移试验
		量程漂移试验

C.3 其他定性检漏仪（卤素效应式等）

DL/T 846.6 规定的其他定性检漏仪（卤素效应式等）出厂检验项目见表 C.3。

表 C.3 其他定性检漏仪（卤素效应式等）出厂检验项目

序号	出厂检验项目	
1	外观检查	
2	基本功能检查	
3	电气安全性能试验	绝缘电阻试验
		绝缘强度试验
4	检测性能试验	最小检出限（灵敏度）
		声光报警功能试验

紫外线成像仪
供应商资质能力信息核实规范

目　次

紫外线成像仪供应商资质能力信息核实规范

1 范围

本文件是国家电网有限公司对紫外线成像仪供应商的资质条件以及制造能力信息进行核实的依据。

本文件适用于国家电网有限公司紫外线成像仪供应商信息核实工作。

供应商为中华人民共和国境内注册成立的紫外线成像仪制造商；或中华人民共和国境外的紫外线成像仪制造商在中华人民共和国境内注册成立的全资或控股的合资企业，或者在中华人民共和国境内注册成立负责销售工作的全资或控股子公司。

2 规范性引用文件

下列文件中的内容通过文中的规范性引用而构成本文件必不可少的条款。其中，注日期的引用文件，仅该日期对应的版本适用于本文件；不注日期的引用文件，其最新版本（包括所有的修改单）适用于本文件。下列文件中相同或相似条款之间存在不一致时，按要求较高的指标执行。

GB 191 包装 储运 图示标志

GB 4793.1 测量、控制和实验室用电气设备的安全通用要求 第 1 部分：通用要求

GB 11463 电子测量仪器可靠性试验

GB/T 2423 电工电子产品环境试验

GB/T 4208 外壳防护等级（IP 代码）

GB/T 6587 电子测量仪器通用规范

GB/T 6592 电工和电子测量设备性能表示

GB/T 17626 电磁兼容 试验和测量技术

GB/T 18268.1 测量、控制和实验室用的电设备 电磁兼容性要求 第 1 部分：通用要求

DL/T 345 带电设备紫外诊断技术应用导则

DL/T 1779 高压电气设备电晕放电检测用紫外成像仪技术条件

Q/GDW 11304.1 电力设备带电检测仪器技术规范 第 1 部分：带电检测仪器通用技术规范

Q/GDW 11304.3 电力设备带电检测仪器技术规范 第 3 部分：紫外成像仪技术规范

3 资质信息

3.1 企业信息

3.1.1 ※基本信息

查阅营业执照。

供应商为中华人民共和国境内依法注册的法人或其他组织。

3.1.2 法定代表人/负责人信息

查阅法定代表人/负责人身份证（或护照）。

3.1.3 财务信息

查阅审计报告、财务报表，其中审计报告为具有资质的第三方机构出具，注册资本和股本结构。

查阅验资报告。

3.2 报告证书

3.2.1 检测报告或检验报告

查阅报告、送样样品生产过程记录以及其他支撑资料。报告出具机构需为具有 CNAS 检测或 CMA 资质的第三方检测机构。

a) 若供应商为中华人民共和国境内注册成立的紫外线成像仪制造商：检验报告中的制造单位（生产单位）及委托单位为供应商自身。

b) 若供应商为中华人民共和国境外的紫外线成像仪制造商在中华人民共和国境内注册成立的全资或控股的合资企业，或者在中华人民共和国境内注册成立负责销售工作的全资或控股子公司（直接或间接相对控股）：检验报告中的制造单位（生产单位）为中华人民共和国境外的紫外线成像仪制造商，委托单位可以为该境外制造商在中华人民共和国境内注册成立的全资或控股的合资企业，或者在中华人民共和国境内注册成立负责销售工作的全资或控股子公司（直接或间接相对控股），并提供供应商与产品制造商之间的关系证明文件。

c) 检验报告符合行业标准和国家电网有限公司企业标准中规定的检验项目的要求，检验项目见附录 A。

d) 产品在设计、材料或制造工艺改变或者产品转厂生产或异地生产时，需重新取得检验报告。

3.2.2 ※质量管理体系

制造商具有健全的质量管理体系，且运行情况良好，查阅管理体系认证书或其他证明材料。

3.3 产品业绩

查阅供货合同及相对应的合同销售发票。

a) 境外业绩提供中文版本或经公证后的中文译本合同，出口业绩需附加提供报关单。

b) 不予统计的业绩有（不限于此）：

1） 与同类产品制造厂之间的业绩。

2） 作为元器件、组部件的业绩。

3） 供应商与经销商、代理商之间的业绩。

4） 证明材料无法确认供货业绩要求的所有要素的。

5） 与非最终用户（即业主单位或负责所供货物运行、使用的单位以外的主体）签订的供货合同。

4 设计研发能力（制造商适用）

4.1 获得专利情况

查阅发明专利、实用新型专利。

4.2 参与标准制定情况

查阅参与制定并已颁布的国家标准、行业标准等证明材料信息。

4.3 产品获奖情况

查阅产品获奖证书等相关信息。

5 生产制造能力（制造商适用）

5.1 ※生产场地

查阅不动产权证书、土地使用权证、房屋产权证、房屋租赁合同等相关信息，实际察看生产场地。

具有与产品相配套的场地（包括专用生产组装场地、原材料存放场地、试验、调试场地等），生产场地为自有或长期租赁。

5.2 生产工艺

5.2.1 工艺控制文件

各工序的作业指导书、工艺控制文件需齐全、统一、规范。各工艺环节中无国家明令禁止的行为。

5.2.2 关键生产工艺控制

查阅工艺控制文件、管理体系文件、工艺流程控制记录。

a） 查阅生产、检测工艺控制文件以及工艺流程控制记录等相关信息。

b） 查阅供应商整套系统组装和联调工艺控制文件以及流程控制记录等相关信息。

c） 现场有明显的标识牌，现场有生产设备的操作规程。

5.3 ※生产设备

查阅设备的现场实际情况及购买发票等相关信息。

a） 具有与产品相适应的生产设备。主要生产设备需至少包含：装配类设备、焊接类设备、包装类设备（国内仪器仪表的生产厂家大部分为外购传感器和元器件进行组装）。生产设备为自有，不能租用借用其他公司的设备，且能正常使用。建立设备管理档案（包括使用说明、台账、保养维护记录等）。

b) 自主研制的设备具有设计图纸、委外加工协议等支撑材料。

5.4 ※人员构成

查阅人力资源部门管理文件（如劳动合同、人员花名册、社保、培训记录、职称证书、学历或学位证书等），核实员工总人数、设计研发人员、生产制造人员、试验检验人员、售后服务人员等。

a) 员工与供应商签订劳动合同，具有社保证明，不得借用其他公司的人员。

b) 中、高级职称人员具有中、高级职称证书。

c) 供应商组织员工定期培训，并且对培训记录进行存档管理。

6 试验检测能力（制造商适用）

6.1 试验检测管理

查阅相关的规章制度文件、过程记录以及出厂试验报告等相关信息。

供应商具有试验场所管理制度、操作规程、试验标准以及完整的试验数据记录。

6.2 ※试验调试场所

查看试验调试场所现场情况。

具有与核实产品相配套的试验场所，试验场所环境满足试验要求，试验场所不临时租用或借用。

6.3 ※试验检测设备

查阅设备的现场实际情况及购买发票等相关信息。

a) 主要的试验设备包括：直流电压源、高低温湿热箱、老化箱等，详见附录 B。试验检测设备为自有，不能租用借用其他公司的设备，且能正常使用。

b) 试验中使用的计量器具及检测设备具备有效期内合格的检定/校准证书或检测报告。建立设备管理档案（包括使用说明、台账、保养维护记录等）。

6.4 现场抽样

6.4.1 抽查出厂试验报告

现场抽查至少两份出厂试验报告，报告需规范完整，检测结果应满足相关标准要求。

6.4.2 ※抽样检测

原则上现场应对与被核实产品相同或相近型式的产品进行抽样检验。样品应在供应商声明的合格产品中抽取，抽样检验项目一般在出厂试验项目中选取。抽样检验重点核实供应商试验方法、试验场地环境、人员操作能力、仪器设备有效性和产品性能等方面。

现场抽取申请核实且具有出厂合格证的产品两台，每台至少抽检出厂试验报告中两项试验，检测结果需与产品出厂试验报告一致。出厂检验项目见附录 C。

7 原材料/组部件管理（制造商适用）

7.1 管理规章制度及执行情况

查阅原材料/组部件（元器件）管理规章制度，并且按照原材料/组部件管理制度严格执行。

a) 具有进厂检验制度及其他原材料/组部件管理制度。

b) 具有主要原材料/组部件供应商筛选制度。

c) 按工艺文件所规定的技术要求和相应管理文件，根据生产计划采购。主要原材料/组部件供应商变更有相应的报告并在相关工艺文件中说明。

d) 按规定进行进厂检验，验收合格后入库。

e) 分类独立存放，物资仓库有足够的存储空间和适宜的环境，实行定置管理，标识清晰、正确、规范、合理。

f) 原材料/组部件使用现场记录内容规范、详实，并具有可追溯性。

7.2 主要组部件情况

查阅产品主要组部件的采购合同或协议等相关信息。

8 数智制造

应用互联网和物联网技术，增强数字基础设施建设，推动数字技术与先进制造技术融合发展。供应商按照数据采集标准，开展产线数字化改造和业务信息化建设，完成与国家电网电工装备智慧物联平台对接，实现供应商侧生产排产、原材料/组部件检验、生产过程、出厂试验、出入库等信息互联上传，打造"透明工厂"。积极配合"云监造"工作开展，保障数据的及时性、完整性和正确性，提升产品质量。

企业各业务环节实现信息化覆盖，具备大数据挖掘和应用能力，设计智能化应用渗透关键业务。

9 绿色发展

查看供应商资源能源消耗情况、战略体系、绿色认证及其他支撑材料。

a) 相关油、水、气、煤及电力、热力等能源消耗，建立能源利用统计报表制度，分析生产经营环节能源利用情况；

b) 相关绿色工厂认证、绿色产品标识、绿色供应链管理等相关资质文件；

c) 将绿色发展理念融入战略体系中，并形成明确的绿色发展目标，制定详实且具有操作性的实施路径；

d) 建立、实施并保持支撑企业绿色低碳发展的绿色管理体系情况，包括但不限于能源管理体系、碳排放管理体系、能源计量管理体系等；

e) 使用无害原材料，禁止使用国家明令禁止的淘汰设备、工艺技术等，并应用国家鼓励的节能设备与先进工艺技术情况；

f) 建立完善的绿色采购管理制度，推广绿色包装材料应用，并建立系统的循环利用体系，实施绿色制造情况；

g) 生产环节的大气污染物排放、水体污染物排放、固体废弃物排放、噪声排放等基础排放符合相关国家标准及地方标准要求情况。

10 售后服务及产能

10.1 售后服务

查阅管理文件、组织机构设置、人员档案以及售后服务记录等相关信息，查阅以往的售后服务记录，记录完整规范，并具有可追溯性。

10.2 产能（制造商适用）

通过供应商提供的产能报告，根据产品生产的瓶颈进行判断。产能报告中需体现产能瓶颈，产能按照 365 工作日×8 小时工作制计算。

本文件中所有核实内容都将对供应商参与招投标活动有重要影响，其中标记"※"的内容是以往招标必备项的要求，也是重点核实内容，其他未标记"※"的为一般核实内容。

附 录 A
检 验 项 目

Q/GDW 11304.3 规定的紫外成像仪检验项目见表 A.1。

表 A.1 检 验 项 目

序号	检验项目	
1	结构与外观检查	
2	功能检查	内置功能
3		外置功能
4	性能特性测试	紫外/可见光叠加精确度
5		紫外光检测灵敏度（最小紫外光灵敏度）
6		放电检测灵敏度（最小放电量灵敏度）
7		可见光感光灵敏度（亮度灵敏度）
8		可见光变焦范围（光学变焦）
9		分辨率（紫外成像角分辨率）
10		带外抑制测试
11	电磁兼容性试验	静电放电抗扰度试验
12		射频电磁场辐射抗扰度试验
13		电快速瞬变脉冲群抗扰度试验
14		浪涌（冲击）抗扰度试验
15		射频场感应的传导骚扰抗扰度试验
16		工频磁场抗扰度试验
17		电压暂降、短时中断抗扰度试验
18	环境适应性试验	温度试验
19		湿度试验
20		振动试验
21		冲击试验
22	包装运输试验	振动试验
23		自由跌落试验
24		翻滚试验
25	外壳防护性试验	防尘试验
26		防水试验

注 表中可见光感光灵敏度属于标准提到的技术要求但没有作为试验项目；可见光变焦范围标准也是提到需要具有此功能但没有明确值的要求，可由厂家来提供报告。

附 录 B
试 验 检 测 设 备

试验检测设备见表 B.1。

表 B.1 试 验 检 测 设 备

序号	试验设备名称
1	※直流电压源
2	※高低温湿热、老化箱
3	紫外线光源
4	频谱分析仪器
5	芯片测试工装
6	液晶测试工装

注 ※为主要设备。

附 录 C
出 厂 检 验 项 目

Q/GDW 11304.3 规定的紫外成像仪出厂检验项目见表 C.1。

表 C.1 出 厂 检 验 项 目

序号	检验项目	
1	结构与外观检查	
2	功能检查	内置功能
3		外置功能
4	性能特性测试	紫外/可见光叠加精确度
5		紫外光检测灵敏度（最小紫外光灵敏度）（非必要项目）
6		放电检测灵敏度（最小放电量灵敏度）（非必要项目）
7		分辨率（紫外成像角分辨率）
8		带外抑制测试

红外热成像仪
供应商资质能力信息核实规范

目　次

红外热成像仪供应商资质能力信息核实规范

1　范围

本文件规定了国家电网有限公司对红外热成像仪供应商的资质条件以及制造能力进行信息核实的依据。

本文件适用于国家电网有限公司红外热成像仪供应商信息核实工作。

供应商为中华人民共和国境内注册成立的红外热成像仪制造商；或中华人民共和国境外的红外热成像仪制造商在中华人民共和国境内注册成立的全资或控股的合资企业，或者在中华人民共和国境内注册成立负责销售工作的全资或控股子公司。

2　规范性引用文件

下列文件中的内容通过文中的规范性引用而构成本文件必不可少的条款。其中，注日期的引用文件，仅该日期对应的版本适用于本文件；不注日期的引用文件，其最新版本（包括所有的修改单）适用于本文件。下列文件中相同或相似条款之间存在不一致时，按要求较高的指标执行。

GB 191　包装　储运　图示标志

GB 4793.1　测量、控制和实验室用电气设备的安全通用要求　第 1 部分：通用要求

GB 11463　电子测量仪器可靠性试验

GB/T 2423　电工电子产品环境试验

GB/T 4208　外壳防护等级（IP 代码）

GB/T 6587　电子测量仪器通用规范

GB/T 6592　电工和电子测量设备性能表示

GB/T 17626　电磁兼容　试验和测量技术

GB/T 18268.1　测量、控制和实验室用的电设备　电磁兼容性要求　第 1 部分：通用要求

GB/T 19870　工业检测型红外热像仪

DL/T 664　带电设备红外诊断应用规范

Q/GDW 11304.2　电力设备带电检测仪器技术规范　第 2 部分：红外热像仪

3　资质信息

3.1　企业信息

3.1.1　※基本信息

查阅营业执照。

供应商为中华人民共和国境内依法注册的法人或其他组织。

3.1.2 法定代表人/负责人信息

查阅法定代表人/负责人身份证（或护照）。

3.1.3 财务信息

查阅审计报告、财务报表，其中审计报告为具有资质的第三方机构出具，注册资本和股本结构。

查阅验资报告。

3.2 报告证书

3.2.1 检测报告或检验报告

查阅报告、送样样品生产过程记录以及其他支撑资料。报告出具机构需为具有 CNAS 检测或 CMA 资质的第三方检测机构。

a) 若供应商为中华人民共和国境内注册成立的红外热成像仪制造商：检验报告中的制造单位（生产单位）及委托单位为供应商自身。

b) 若供应商为中华人民共和国境外的红外热成像仪制造商在中华人民共和国境内注册成立的全资或控股的合资企业，或者在中华人民共和国境内注册成立负责销售工作的全资或控股子公司（直接或间接相对控股）：检验报告中的制造单位（生产单位）为境外的红外热成像仪制造商，委托单位可以为该境外制造商在中华人民共和国境内注册成立的全资或控股的合资企业，或者在中华人民共和国境内注册成立负责销售工作的全资或控股子公司（直接或间接相对控股），并提供供应商与产品制造商之间的关系证明文件。

c) 检验报告符合国家标准、行业标准中规定的检验项目的要求，检验项目见附录 A。

d) 产品在设计、材料或制造工艺改变或者产品转厂生产或异地生产时，需重新取得检验报告。

3.2.2 ※质量管理体系

制造商具有健全的质量管理体系，且运行情况良好，查阅管理体系认证书或其他证明材料。

3.3 产品业绩

查阅供货合同及相对应的合同销售发票。

a) 境外业绩提供中文版本或经公证后的中文译本合同，出口业绩需附加提供报关单。

b) 不予统计的业绩有（不限于此）：

1) 与同类产品制造厂之间的业绩。

2) 作为元器件、组部件的业绩。

3) 供应商与经销商、代理商之间的业绩。

4) 证明材料无法确认供货业绩要求的所有要素的。

5) 与非最终用户（即业主单位或负责所供货物运行、使用的单位以外的主体）签订的供货合同。

4 设计研发能力（制造商适用）

4.1 获得专利情况

查阅发明专利、实用新型专利。

4.2 参与标准制定情况

查阅参与制定并已颁布的国家标准、行业标准等证明材料信息。

4.3 产品获奖情况

查阅产品获奖证书等相关信息。

5 生产制造能力（制造商适用）

5.1 ※生产厂房

查阅不动产权证书、土地使用权证、房屋产权证、厂房设计图纸、房屋租赁合同、用电客户编号等相关信息。

具有与产品相配套的场地（包括专用生产组装场地、原材料存放场地、试验、调试场地等），生产场地为自有或长期租赁。

5.2 生产工艺

5.2.1 工艺控制文件

各工序的作业指导书、工艺控制文件需齐全、统一、规范。各工艺环节中无国家明令禁止的行为。

5.2.2 关键生产工艺控制

查阅工艺控制文件、管理体系文件、工艺流程控制记录。

a) 查阅生产、检测工艺控制文件以及工艺流程控制记录等相关信息。

b) 查阅供应商整套系统组装和联调工艺控制文件以及流程控制记录等相关信息。

c) 现场有明显的标识牌，现场有生产设备的操作规程。

5.3 ※生产设备

查阅设备的现场实际情况及购买合同发票等相关信息。

a) 具有与产品相适应的生产设备。主要生产设备需至少包含：装配类设备、焊接类设备、包装类设备。生产设备为自有，不能租用借用其他公司的设备，且能正常使用。建立设备管理档案（包括使用说明、台账、保养维护记录等）。

b) 自主研制的设备具有设计图纸、委外加工协议等支撑材料。

5.4 ※人员构成

查阅人力资源部门管理文件（如劳动合同、人员花名册、社保、培训记录、职称证书、学历或学位证书等），核实员工总人数、设计研发人员、生产制造人员、试验检验人员、售后服务人员等。

a) 员工与供应商签订劳动合同，具有社保证明，不得借用其他公司的人员。

b) 中、高级职称人员具有中、高级职称证书。

c) 供应商组织员工定期培训，并且对培训记录进行存档管理。

6 试验检测能力（制造商适用）

原则上现场应对与被核实产品相同或相近型式的产品进行抽样检验。样品应在供应商声明的合格产品中抽取，抽样检验项目一般在出厂试验项目中选取。抽样检验重点核实供应商试验方法、试验场地环境、人员操作能力、仪器设备有效性和产品性能等方面。

6.1 试验检测管理

查阅相关的规章制度文件、过程记录以及出厂试验报告等相关信息。

供应商具有试验场所管理制度、操作规程、试验标准以及完整的试验数据记录。

6.2 ※试验调试场所

查看试验调试场所现场情况。

具有与核实产品相配套的试验场所，试验场所环境满足试验要求，试验场所不临时租用或借用。

6.3 ※试验检测设备

查阅设备的现场实际情况及购买合同发票等相关信息。

 a) 主要的试验设备包括：高低温湿热箱、老化箱、黑体辐射源等。试验检测设备为自有，不能租用借用其他公司的设备，且能正常使用。

 b) 试验中使用的计量器具及检测设备具备有效期内合格的检定/校准证书或检测报告。建立设备管理档案（包括使用说明、台账、保养维护记录等）。

6.4 现场抽样

6.4.1 抽查出厂试验报告

现场抽查至少两份出厂试验报告，报告规范完整，检测结果满足相关标准要求。

6.4.2 ※抽样检测

原则上现场应对与被核实产品相同或相近型式的产品进行抽样检验。样品应在供应商声明的合格产品中抽取，抽样检验项目一般在出厂试验项目中选取。抽样检验重点核实供应商试验方法、试验场地环境、人员操作能力、仪器设备有效性和产品性能等方面。

现场抽取申请核实且具有出厂合格证的产品两台，每台至少抽检出厂试验报告中两项试验，检测结果需与产品出厂试验报告一致。出厂检验项目见附录 B。

7 原材料/组部件管理（制造商适用）

7.1 管理规章制度及执行情况

查阅原材料/组部件（元器件）管理规章制度，并且按照原材料/组部件管理制度严格执行。

 a) 具有进厂检验制度及其他原材料/组部件管理制度。

 b) 具有主要原材料/组部件供应商筛选制度。

 c) 按工艺文件所规定的技术要求和相应管理文件，根据生产计划采购。主要原材

料/组部件供应商变更有相应的报告并在相关工艺文件中说明。

d) 按规定进行进厂检验，验收合格后入库。

e) 分类独立存放，物资仓库有足够的存储空间和适宜的环境，实行定置管理，标识清晰、正确、规范、合理。

f) 原材料/组部件使用现场记录内容规范、详实，并具有可追溯性。

7.2 主要组部件情况

查阅产品主要组部件的采购合同或协议等相关信息。

8 数智制造

应用互联网和物联网技术，打造"透明工厂"，生产制造、试验检验、原材料/组部件管理等信息对买方公开，接入国家电网电工装备智慧物联平台。

加强数字基础设施建设，推动数字技术与先进制造技术融合发展。供应商相关业务数据、原材料/组部件检验数据、生产过程检验数据、出厂试验数据、成品信息数据和视频数据等支持自动采集或系统推送。数据接口需保障数据完整性、正确性、安全性，具有可扩展性、通信实时性等。

9 绿色发展

查看供应商资源能源消耗情况、战略体系、绿色认证及其他支撑材料，包括：

a) 相关油、水、气、煤及电力、热力等能源消耗，建立能源利用统计报表制度，分析生产经营环节能源利用情况；

b) 相关绿色工厂认证、绿色产品标识、绿色供应链管理等相关资质文件；

c) 将绿色发展理念融入战略体系中，并形成明确的绿色发展目标，制定详实且具有操作性的实施路径；

d) 建立、实施并保持支撑企业绿色低碳发展的绿色管理体系情况，包括但不限于能源管理体系、碳排放管理体系、能源计量管理体系等；

e) 使用无害原材料，禁止使用国家明令禁止的淘汰设备、工艺技术等，并应用国家鼓励的节能设备与先进工艺技术情况；

f) 建立完善的绿色采购管理制度，推广绿色包装材料应用，并建立系统的循环利用体系，实施绿色制造情况；

g) 生产环节的大气污染物排放、水体污染物排放、固体废弃物排放、噪声排放等基础排放符合相关国家标准及地方标准要求情况。

10 售后服务及产能

10.1 售后服务

查阅管理文件、组织机构设置、人员档案以及售后服务记录等相关信息，查阅以往的售后服务记录，记录完整规范，并具有可追溯性。

10.2 产能（制造商适用）

通过供应商提供的产能报告，根据产品生产的瓶颈进行判断。产能报告中需体现产能瓶颈，产能按照 365 工作日×8 小时工作制计算。

本文件中所有核实内容都将对供应商参与招投标活动有重要影响，其中标记"※"的内容是以往招标必备项的要求，也是重点核实内容，其他未标记"※"的为一般核实内容。

附 录 A

检 验 项 目

A.1 GB/T 19870—2018 规定的工业检测型红外热像仪检测项目见表 A.1。

表 A.1 工业检测型红外热像仪检测项目

序号	检验项目	
1	外观	
2	噪声等效温差	
3	最大允许误差	
4	连续稳定工作时间	
5	环境温度影响	
6	测温一致性	
7	最小可分辨温差	
8	外壳防护	
9	低压电气安全	
10	环境适应性试验	高温工作
11		高温贮存
12		低温工作
13		低温贮存
14		湿热
15		冲击试验
16		振动试验
17		跌落试验
18	电磁兼容性试验	静电放电抗扰度
19		射频电磁场辐射抗扰度
20		工频磁场抗扰度
21	功能检查	基本功能检查
22		其他功能检查

A.2 Q/GDW 11304.2—2021 规定的红外热像仪检验项目见表 A.2。

表 A.2 红外热像仪检验项目

序号	检验项目	
1	结构和外观检查	
2	功能检验	基本功能
3		扩展功能
4	性能试验	噪声等效温差
5		准确度
6		连续稳定工作时间
7		环境温度影响
8		测温一致性
9		最小可辨温差
10		图像质量评价
11		外壳防护
12	安全试验	低压电气安全
13	环境适应性试验	高温工作
14		高温贮存
15		低温工作
16		低温贮存
17		湿热
18		冲击试验
19		振动试验
20		跌落试验
21	电磁兼容性试验	静电放电抗扰度
22		射频电磁场辐射抗扰度
23		工频磁场抗扰度

附 录 B

出 厂 检 验 项 目

B.1 GBT 19870—2018 规定的工业检测型红外热像仪出厂检验项目包括：

    a) 外观检查；

    b) 功能检查；

    c) 最大允许误差检查。

B.2 Q/GDW 11304.2—2021 规定的红外热像仪出厂检验项目包括：

    a) 结构和外观检查；

    b) 功能检验；

    c) 准确度；

    d) 测温一致性。

避雷器阻性电流测试仪
供应商资质能力信息核实规范

目　次

避雷器阻性电流测试仪供应商资质能力信息核实规范

1 范围

本文件是国家电网有限公司对避雷器阻性电流测试仪供应商的资质条件以及制造能力信息进行核实的依据。

本文件适用于国家电网有限公司避雷器阻性电流测试仪供应商资质信息核实工作。

供应商为中华人民共和国境内注册成立的避雷器阻性电流测试仪制造商。

2 规范性引用文件

下列文件中的内容通过文中的规范性引用而构成本文件必不可少的条款。其中，注日期的引用文件，仅该日期对应的版本适用于本文件；不注日期的引用文件，其最新版本（包括所有的修改单）适用于本文件。下列文件中相同或相似条款之间存在不一致时，按要求较高的指标执行。

GB 191　包装　储运　图示标志

GB 4793.1　测量、控制和实验室用电气设备的安全通用要求　第1部分：通用要求

GB 11463　电子测量仪器可靠性试验

GB/T 4208　外壳防护等级（IP代码）

GB/T 6587　电子测量仪器通用规范

GB/T 6592　电工和电子测量设备性能表示

GB/T 18268.1　测量、控制和实验室用的电设备　电磁兼容性要求　第1部分：通用要求

DL/T 987—2017　氧化锌避雷器阻性电流测试仪通用技术条件

3 资质信息

3.1 企业信息

3.1.1 ※基本信息

查阅营业执照。

供应商为中华人民共和国境内依法注册的法人或其他组织。

3.1.2 法定代表人/负责人信息

查阅法定代表人/负责人身份证（或护照）。

3.1.3 财务信息

查阅审计报告、财务报表，其中审计报告为具有资质的第三方机构出具，注册资本

和股本结构。

查阅验资报告。

3.2 报告证书

3.2.1 检测报告或检验报告

a) 报告出具机构需为具有 CNAS 检测或 CMA 资质的第三方检测机构，检验报告中的制造单位（生产单位）及委托单位为供应商自身。

b) 检验报告符合行业标准和国家电网有限公司企业标准中规定的检验项目的要求，检验项目见附录 A。

c) 产品在设计、材料或制造工艺改变或者产品转厂生产或异地生产时，需重新取得检验报告。

3.2.2 ※质量管理体系

具有健全的质量管理体系，且运行情况良好，查阅管理体系认证书或其他证明材料。

3.3 产品业绩

查阅供货合同及相对应的合同销售发票。

a) 合同的供货方和产品实际生产方需为被核实供应商自身。

b) 供货合同与发票中载明的产品信息一致，供货数量以发票与合同中的较小值为准。

c) 出口业绩提供报关单及中文版本或经公证后的中文译本合同。

d) 不予统计的业绩有（不限于此）：

　　1) 与同类产品制造厂之间的业绩；

　　2) 销售元器件、组部件的业绩；

　　3) 证明材料无法确认产品型号等供货业绩要求的所有要素；

　　4) 供应商与经销商、代理商的业绩；

　　5) 与非最终用户（即业主单位或负责所供货物运行、使用的单位以外的主体）签订的供货合同。

4 设计研发能力

4.1 获得专利情况

查阅发明专利、实用新型专利。

4.2 参与标准制定情况

查阅参与制定并已颁布的国家标准、行业标准等证明材料信息。

4.3 产品获奖情况

查阅产品获奖证书等相关信息。

5 生产制造能力

5.1 ※生产场地

查阅不动产权证书、土地使用权证、房屋产权证、房屋租赁合同等相关信息。

具有与产品相配套的场地（包括专用生产组装场地、原材料存放场地、试验、调试场地等），生产场地为自有或长期租赁。

5.2 生产工艺

5.2.1 工艺控制文件

各工序的作业指导书、工艺控制文件需齐全、统一、规范。各工艺环节中无国家明令禁止的行为。

5.2.2 关键生产工艺控制

查阅工艺控制文件、管理体系文件、工艺流程控制记录。

a) 查阅生产工艺控制文件以及工艺流程控制记录等相关信息。

b) 查阅供应商整套系统组装和联调工艺控制文件以及流程控制记录等相关信息。

c) 现场有明显的标识牌，现场有生产设备的操作规程。

5.3 ※生产设备

查阅设备的现场实际情况及购买发票等相关信息。

a) 具有与产品相适应的生产设备。主要生产设备（见附录 B）需至少包含：装配类设备、焊接类设备、包装类设备。生产设备为自有，不能租用借用其他公司的设备，且能正常使用。建立设备管理档案（包括使用说明、台账、保养维护记录等）。

b) 自主研制的设备具有设计图纸、委外加工协议等支撑材料。

5.4 ※人员构成

查阅人力资源部门管理文件（如劳动合同、人员花名册、社保、培训记录、职称证书、学历或学位证书等），核实员工总人数，中、高级职称人员数量等信息。

a) 员工与供应商签订劳动合同，具有社保证明，不得借用其他公司的人员。

b) 中、高级职称人员具有中、高级职称证书。

c) 供应商组织员工定期培训，并且对培训记录进行存档管理。

6 试验检测能力

6.1 试验检测管理

查阅相关的规章制度文件、过程记录以及出厂试验报告等相关信息。

供应商具有试验场所管理制度、操作规程、试验标准以及完整的试验数据记录。

6.2 ※试验调试场所

查看试验调试场所现场情况。

具有与核实产品相配套的试验场所，试验场所环境满足试验要求，试验场所不临时租用或借用。

6.3 ※试验检测设备

查阅设备的现场实际情况及购买发票等相关信息。

a) 主要试验检测设备（见附录 C）为自有，且能正常使用，不能租用借用其他公司的设备。

b) 试验中使用的计量器具及检测设备具备有效期内合格的检定/校准证书或检测报告。建立设备管理档案（包括使用说明、台账、保养维护记录等）。

6.4 现场抽样

6.4.1 抽查出厂试验报告

现场抽查至少两份出厂试验报告，报告需规范完整，检测结果应满足相关标准要求。

6.4.2 ※抽样检测

原则上现场应对与被核实产品相同或相近型式的产品进行抽样检验。样品应在供应商声明的合格产品中抽取，抽样检验项目一般在出厂试验项目中选取。抽样检验重点核实供应商试验方法、试验场地环境、人员操作能力、仪器设备有效性和产品性能等方面。

现场抽取具有出厂合格证的产品两台，每台至少抽检出厂试验报告中两项试验，检测结果需与产品出厂试验报告一致。出厂检验项目见附录 D。

7 原材料/组部件管理

7.1 管理规章制度及执行情况

查阅原材料/组部件（元器件）管理规章制度，并且按照原材料/组部件管理制度严格执行。

a) 具有进厂检验制度及其他原材料/组部件管理制度。

b) 具有主要原材料/组部件供应商筛选制度。

c) 按工艺文件所规定的技术要求和相应管理文件进行采购，主要原材料/组部件供应商变更有相应的报告并在相关工艺文件中说明。

d) 按规定进行进厂检验，验收合格后入库。

e) 分类独立存放，物资仓库有足够的存储空间和适宜的环境，实行定置管理，标识清晰、正确、规范、合理。

f) 原材料/组部件使用现场记录内容规范、详实，并具有可追溯性。

7.2 主要组部件情况

查阅产品主要组部件的采购合同或协议等相关信息。

8 数智制造

应用互联网和物联网技术，打造"透明工厂"，生产制造、试验检验、原材料/组部件管理等信息对买方公开，接入国家电网电工装备智慧物联平台。

加强数字基础设施建设，推动数字技术与先进制造技术融合发展。供应商相关业务数据、原材料/组部件检验数据、生产过程检验数据、出厂试验数据、成品信息数据和视频数据等支持自动采集或系统推送。数据接口需保障数据完整性、正确性、安全性，具有可扩展性、通信实时性等。

9 绿色发展

查看供应商资源能源消耗情况、战略体系、绿色认证及其他支撑材料，包括：

a) 相关油、水、气、煤及电力、热力等能源消耗，建立能源利用统计报表制度，分析生产经营环节能源利用情况；

b) 相关绿色工厂认证、绿色产品标识、绿色供应链管理等相关资质文件；

c) 将绿色发展理念融入战略体系中，并形成明确的绿色发展目标，制定详实且具有操作性的实施路径；

d) 建立、实施并保持支撑企业绿色低碳发展的绿色管理体系情况，包括但不限于能源管理体系、碳排放管理体系、能源计量管理体系等；

e) 使用无害原材料，禁止使用国家明令禁止的淘汰设备、工艺技术等，并应用国家鼓励的节能设备与先进工艺技术情况；

f) 建立完善的绿色采购管理制度，推广绿色包装材料应用，并建立系统的循环利用体系，实施绿色制造情况；

g) 生产环节的大气污染物排放、水体污染物排放、固体废弃物排放、噪声排放等基础排放符合相关国家标准及地方标准要求情况。

10 售后服务及产能

10.1 售后服务

查阅管理文件、组织机构设置、人员档案以及售后服务记录等相关信息，查阅以往的售后服务记录，记录完整规范，并具有可追溯性。

10.2 产能

通过供应商提供的产能报告，根据产品生产的生产瓶颈进行判断。产能报告中需体现产能核心要素，产能按照 365 个工作日×8 小时工作制计算。

本文件中所有核实内容都将对供应商参与招投标活动有重要影响，其中标记"※"的内容是以往招标必备项的要求，也是重点核实内容，其他未标记"※"的为一般核实内容。

附 录 A

检 测 项 目

DL/T 987—2017 规定的型式试验项目见表 A.1。

表 A.1 检 测 项 目

序号	检测项目	
1	外观检查	外观检查
2	安全性能	绝缘电阻试验
3		介电强度试验
4	基本功能	基本功能
5	性能试验	输入阻抗试验
6		示值分辨力
7		全电流测量误差试验
8		参考电压测量误差试验
9		阻性电流测量误差试验
10		容性电流测量误差试验
11		相位角误差试验
12		参考电压的变压比系数
13	电磁兼容试验	静电放电抗扰度试验
14		射频电磁场辐射抗扰度试验
15		工频磁场抗扰度试验
16		电压暂降、短时中断和电压变化的抗扰度试验
17		电快速瞬变脉冲群抗扰度试验
18		浪涌（冲击）抗扰度试验
19		射频场感应的传导骚扰抗扰度试验
20	环境试验	电源适应性试验
21		温度试验
22		湿度试验
23		振动试验
24		冲击试验
25		倾斜跌落试验
26		运输试验
27	可靠性试验	可靠性试验

附 录 B
生 产 设 备

生产设备见表 B.1。

表 B.1 生 产 设 备

序号	生产设备名称及类别
1	装配类设备（如电动螺丝刀、电动扳手、套筒扳手、尖嘴钳、斜口钳、剥线钳等）
2	焊接类设备（如焊台、热风枪等）
3	包装类设备（如打包机等）

附 录 C
主 要 试 验 检 测 设 备

主要试验检测设备见表 C.1。

表 C.1　主 要 试 验 检 测 设 备

序号	试验设备名称
1	※多功能校准源
2	※数字多用表$\left(6\frac{1}{2}位\right)$
3	※高低温湿热、老化箱
4	※数字示波器
5	※数字万用表
6	隔离变电阻电容工装
7	工频干扰发生器
8	冲击浪涌发生器
9	芯片测试工装
10	液晶测试工装
11	※耐电压测试仪
12	※绝缘电阻表

注　※为主要设备。

附 录 D
出 厂 检 测 项 目

DL/T 987—2017 规定的出厂试验项目见表 D.1。

表 D.1 出 厂 检 测 项 目

序号	检测项目	
1	外观检查	外观检查
2	安全性能	绝缘电阻试验
3		介电强度试验
4	基本功能	基本功能
5	性能试验	输入阻抗试验
6		示值分辨力
7		全电流测量误差试验
8		参考电压测量误差试验
9		阻性电流测量误差试验
10		容性电流测量误差试验
11		相位角误差试验
12		参考电压的变压比系数

高压介质损耗测试仪
供应商资质能力信息核实规范

目　次

高压介质损耗测试仪供应商资质能力信息核实规范

1 范围

本文件规定了国家电网有限公司对高压介质损耗测试仪供应商的资质条件以及制造能力进行信息核实的依据。

本文件适用于国家电网有限公司高压介质损耗测试仪供应商信息核实工作。

供应商为中华人民共和国境内注册成立的高压介质损耗测试仪制造商。

2 规范性引用文件

下列文件中的内容通过文中的规范性引用而构成本文件必不可少的条款。其中，注日期的引用文件，仅该日期对应的版本适用于本文件；不注日期的引用文件，其最新版本（包括所有的修改单）适用于本文件。下列文件中相同或相似条款之间存在不一致时，按要求较高的指标执行。

GB 191　包装储运图示标志（EQV ISO780：1997）

GB/T 6587　电子测量仪器通用规范

GB/T 6592　电工和电子测量设备性能表示

GB/T 11463　电子测量仪器可靠性试验

GB/T 14436　工业产品保证文件总则

JJG 183　标准电容器

JJG 563　高压电容电桥

JJG 1126　高压介质损耗因数测试仪检定规程

DL/T 962　高压介质损耗测试仪通用技术条件

3 资质信息

3.1 企业信息

3.1.1 ※基本信息

查阅营业执照。

供应商为中华人民共和国境内依法注册的法人或其他组织。

3.1.2 法定代表人/负责人信息

查阅法定代表人/负责人身份证（或护照）。

3.1.3 财务信息

查阅审计报告、财务报表，其中审计报告为具有资质的第三方机构出具，注册资本和股本结构。

查阅验资报告。

3.2 报告证书

3.2.1 检测报告或检验报告

查阅报告、送样样品生产过程记录以及其他支撑资料。报告需符合以下要求：

a) 报告出具机构为具有 CNAS 检测或 CMA 资质的第三方检测机构。检验报告中的制造单位（生产单位）及委托单位为供应商自身；

b) 检验报告均系针对具体型号产品；

c) 检验报告应符合国家标准、行业标准、国家电网有限公司企业标准中规定的检验项目的要求，检验项目见附录 A；

d) 产品在设计、材料或制造工艺改变时，需重新取得检验报告。

3.2.2 ※质量管理体系

具有健全的质量管理体系，且运行情况良好，查阅管理体系认证书或其他证明材料。

3.3 产品业绩

查阅供货合同及相对应的合同销售发票。

a) 合同的供货方和产品实际生产方需为被核实供应商自身。

b) 供货合同与发票中载明的产品信息一致，供货数量以发票与合同中的较小值为准。

c) 出口业绩提供中文版本或经公证后的中文译本合同及报关单。

d) 不予统计的业绩有（不限于此）：

    1) 与同类产品制造厂之间的业绩；

    2) 销售元器件、组部件的业绩；

    3) 证明材料无法确认产品型号等供货业绩要求的所有要素的；

    4) 供应商与经销商、代理商的业绩；

    5) 与非最终用户（即业主单位或负责所供货物运行、使用的单位以外的主体）签订的供货合同。

4 设计研发能力

4.1 获得专利情况

查阅发明专利、实用新型专利。

4.2 参与标准制定情况

查阅参与制定并已颁布的国家标准、行业标准等证明材料信息。

4.3 产品获奖情况

查阅产品获奖证书等相关信息。

5 生产制造能力

5.1 ※生产厂房

查阅不动产权证书、土地使用权证、房屋产权证、厂房设计图纸、房屋租赁合同、

用电客户编号等相关信息。

具有与产品相配套的场地（包括专用生产组装场地、原材料存放场地、试验、调试场地等），生产场地为自有或长期租赁。

5.2 生产工艺

5.2.1 工艺控制文件

各工序的作业指导书、工艺控制文件齐全、统一、规范。各工艺环节中无国家明令禁止的行为。

5.2.2 关键生产工艺控制

查阅工艺控制文件、管理体系文件、工艺流程控制记录。

a) 查阅生产、检测工艺控制文件以及工艺流程控制记录等相关信息。

b) 查阅供应商整套系统组装和联调工艺控制文件以及流程控制记录等相关信息。

c) 现场有明显的标识牌，现场有生产设备的操作规程。

5.3 ※生产设备

查阅设备的现场实际情况及购买合同、发票等相关信息。

a) 具有与产品相适应的生产设备。主要生产设备需至少包含：装配类设备、焊接类设备、包装类设备等，见附录 B。生产设备为自有，不能租用借用其他公司的设备，且能正常使用。建立设备管理档案（包括使用说明、台账、保养维护记录等）。

b) 自主研制的设备具有设计图纸、委外加工协议等支撑材料。

5.4 ※人员构成

查阅人力资源部门管理文件（如劳动合同、人员花名册、社保、培训记录、职称证书、学历或学位证书等），核实管理人员、设计研发人员、生产制造人员、试验检验人员、售后服务人员等。

a) 员工与供应商签订劳动合同，具有社保证明，不得借用其他公司的人员。

b) 中、高级职称人员具有相应职称证书。

c) 供应商组织员工定期培训，并且对培训记录进行存档管理。

d) 持有电气试验上岗证人员至少 2 人。

6 试验检测能力

原则上现场应对与被核实产品相同或相近型式的产品进行抽样检验。样品应在供应商声明的合格产品中抽取，抽样检验项目一般在出厂试验项目中选取。抽样检验重点核实供应商试验方法、试验场地环境、人员操作能力、仪器设备有效性和产品性能等方面。

6.1 试验检测管理

查阅相关的规章制度文件、过程记录以及出厂试验报告等相关信息。

供应商具有试验场所管理制度、操作规程、试验标准以及完整的试验数据记录。

6.2 ※试验调试场所

查看试验调试场所现场情况。

具有与核实产品相配套的试验场所，试验场所环境满足试验要求，试验场所不临时租用或借用。

6.3　※试验检测设备

查阅设备的现场实际情况及购买合同、发票等相关信息。

a)　主要的试验设备包括：介损因数标准器、高压标准电容器、绝缘电阻测试仪等详见附录 C。试验检测设备为自有，不能租用借用其他公司的设备，且能正常使用。

b)　试验中使用的计量器具及检测设备具备有效期内合格的检定/校准证书或检测报告。建立设备管理档案（包括使用说明、台账、保养维护记录等）。

6.4　现场抽样

6.4.1　抽查出厂试验报告

现场抽查至少两份出厂试验报告，报告规范完整，检测结果需满足相关标准要求。

6.4.2　※抽样检测

原则上现场应对与被核实产品相同或相近型式的产品进行抽样检验。样品应在供应商声明的合格产品中抽取，抽样检验项目一般在出厂试验项目中选取。抽样检验重点核实供应商试验方法、试验场地环境、人员操作能力、仪器设备有效性和产品性能等方面。

现场抽取申请核实且具有出厂合格证的产品两台，每台至少抽检出厂试验报告中两项试验，检测结果需与产品出厂试验报告一致。出厂检验项目见附录 D。

7　原材料/组部件管理

7.1　管理规章制度及执行情况

查阅原材料/组部件（元器件）管理规章制度，并且按照原材料/组部件管理制度严格执行，原材料/组部件管理需符合以下要求；

a)　具有进厂检验制度及其他原材料/组部件管理制度；

b)　具有主要原材料/组部件供应商筛选制度；

c)　按工艺文件所规定的技术要求和相应管理文件，根据生产计划采购。主要原材料/组部件供应商变更有相应的报告并在相关工艺文件中说明；

d)　按规定进行进厂检验，验收合格后入库；

e)　分类独立存放，物资仓库有足够的存储空间和适宜的环境，实行定置管理，标识清晰、正确、规范、合理；

f)　原材料/组部件使用现场记录内容规范、详实，并具有可追溯性。

7.2　主要组部件情况

查阅产品主要组部件的采购合同或协议及发票等相关信息。

8　数智制造

应用互联网和物联网技术，打造"透明工厂"，生产制造、试验检验、原材料/组部

件管理等信息对买方公开，接入国家电网电工装备智慧物联平台。

加强数字基础设施建设，推动数字技术与先进制造技术融合发展。供应商相关业务数据、原材料/组部件检验数据、生产过程检验数据、出厂试验数据、成品信息数据和视频数据等支持自动采集或系统推送。数据接口需保障数据完整性、正确性、安全性，具有可扩展性、通信实时性等。

9 绿色发展

查看供应商资源能源消耗情况、战略体系、绿色认证及其他支撑材料，包括：

a) 相关油、水、气、煤及电力、热力等能源消耗，建立能源利用统计报表制度，分析生产经营环节能源利用情况；

b) 相关绿色工厂认证、绿色产品标识、绿色供应链管理等相关资质文件；

c) 将绿色发展理念融入战略体系中，并形成明确的绿色发展目标，制定详实且具有操作性的实施路径；

d) 建立、实施并保持支撑企业绿色低碳发展的绿色管理体系情况，包括但不限于能源管理体系、碳排放管理体系、能源计量管理体系等；

e) 使用无害原材料，禁止使用国家明令禁止的淘汰设备、工艺技术等，并应用国家鼓励的节能设备与先进工艺技术情况；

f) 建立完善的绿色采购管理制度，推广绿色包装材料应用，并建立系统的循环利用体系，实施绿色制造情况；

g) 生产环节的大气污染物排放、水体污染物排放、固体废弃物排放、噪声排放等基础排放符合相关国家标准及地方标准要求情况。

10 售后服务及产能

10.1 售后服务

查阅管理文件、组织机构设置、人员档案以及售后服务记录等相关信息，查阅以往的售后服务记录，记录完整规范，并具有可追溯性。

10.2 产能

通过供应商提供的产能报告，根据产品生产的瓶颈进行判断。产能报告中需体现产能瓶颈，产能按照365工作日×8小时工作制计算。

本文件中所有核实内容都将对供应商参与招投标活动有重要影响，其中标记"※"的内容是以往招标必备项的要求，也是重点核实内容，其他未标记"※"的为一般核实内容。

附 录 A
检测项目或检验项目

检测项目或检验项目见表 A.1。

表 A.1 检测项目或检验项目

序号	检测项目或检验项目
1	外观检查
2	示值误差
3	重复性试验
4	最小分辨力试验
5	内附高压电源试验
6	介质损耗仪应具备的功能试验
7	绝缘电阻试验
8	介电强度试验
9	电源频率与电压试验
10	温度试验
11	湿度试验
12	振动试验
13	冲击试验
14	运输试验
15	可靠性试验

附 录 B
※生 产 设 备

生产设备见表B.1。

表B.1 生 产 设 备

序号	设备类别及名称
1	装配类设备（如装配工作台、剥线机/钳等）
2	焊接类设备（如焊枪、热风枪等）
3	包装类设备（如打包机等）

附 录 C
试 验 检 测 设 备

试验检测设备见表 C.1。

表 C.1 试 验 检 测 设 备

序号	设备名称
1	※介损因数标准器
2	※高压标准电容器
3	※绝缘电阻测试仪
4	※耐压装置
5	电热恒温干燥箱
6	万用表
7	高低温湿热、老化箱
8	实物被试电气设备
9	示波器
10	分压器
11	标准电流表
12	标准电压表

注 ※为主要试验设备。

附 录 D
出 厂 检 验 项 目

出厂检验项目见表 D.1。

表 D.1 出 厂 检 验 项 目

序号	检验项目
1	外观检查
2	示值误差
3	重复性试验
4	最小分辨力试验
5	内附高压电源试验
6	介质损耗测试仪应具备的功能试验
7	绝缘电阻试验
8	介电强度试验
9	电源频率与电压试验

电压监测仪供应商资质能力核实规范

目　次

电压监测仪供应商资质能力核实规范

1 范围

本文件是国家电网有限公司对电压监测仪供应商的资质条件以及制造能力进行核实的依据。

本文件适用于国家电网有限公司电压监测仪产品供应商的核实工作。

2 规范性引用文件

下列文件中的内容通过文中的规范性引用而构成文本必不可少的条款。其中，注日期的引用文件，仅该日期对应的版本适用于本文件。不注日期的引用文件，其最新版本（包括所有的修改单）适用于本文件。

DL/T 500 电压监测仪使用技术条件

Q/GDW 10817—2018 电压监测仪检验规范

Q/GDW 10819—2018 电压监测仪技术规范

3 资质信息

3.1 企业信息

3.1.1 ※基本信息

查阅营业执照。

供应商应为中华人民共和国境内依法注册的法人或其他组织。

3.1.2 法定代表人/负责人信息

查阅法定代表人/负责人身份证（或护照）。

3.1.3 财务信息

查阅供应商近三年的审计报告、财务报表，其中审计报告为具有资质的第三方机构出具。

3.1.4 资信等级证明

查阅供应商的银行或专业评估机构出具的证明。

3.1.5 注册资本和股本结构

查阅供应商的审计报告。

3.2 报告证书

3.2.1 ※检验报告

查阅报告、送样样品生产过程记录以及其他支撑资料。

a) 检验报告出具机构为具有 CNAS 检测或 CMA 资质的第三方检测机构。

b) 检验报告的委托单位和制造单位应为供应商自身。

c) 检验报告均系针对具体型号产品。

d) 产品在设计、材料或制造工艺改变或者产品转厂生产或异地生产时，重新进行相应的试验。

e) 检验报告中的检验依据，包含：

　　1) 型式试验应至少具有 DL/T 500《电压监测仪使用技术条件》、Q/GDW 10819《电压监测仪技术规范》两项之一。

　　2) 通信协议（通信一致性）测试应至少具有 Q/GDW 10819《电压监测仪技术规范》。

　　3) 电磁兼容性测试应至少具有 GB/T 17626《电磁兼容试验和测量技术》。

f) 检验报告符合相应的国家标准、行业标准、国家电网企业标准规定的检验项目的要求，其中通信协议测试、电磁兼容测试可单独进行，检验项目见附录 A。

3.2.2 ※质量管理体系

具有健全的质量管理体系，且运行情况良好，查阅管理体系认证书或其他证明材料。

3.3 供货业绩

查阅供货合同及相对应的发票。

a) 合同的供货方和产品实际生产方应为被核实供应商自身。

b) 供货合同与发票中载明的产品信息一致，供货数量以发票与合同中的较小值为准。

c) 出口业绩应提供报关单，出口业绩的报关单、合同应提供中文版本或经公证后的中文译本。

d) 不予统计的业绩有（不限于此）：

　　1) 作为元器件、组部件的业绩。

　　2) 与同类产品制造厂之间的业绩。

　　3) 供应商与经销商、代理商的业绩。

　　4) 证明材料无法确认供货业绩要求的所有要素的。

　　5) 与非最终用户（即业主单位或负责所供货物运行、使用的单位以外的主体）签订的供货合同。

3.4 人员构成

查阅人力资源部门管理文件（如劳动合同、人员花名册、社保、培训记录、职称证书等），包括管理人员、设计研发人员、生产制造人员、试验检验人员、工程施工人员、售后服务人员等人员信息。员工应与供应商签订劳动合同，具有社保证明，不可借用其他公司的人员。

4 设计研发能力

4.1 技术来源与支持

查阅技术来源、设计文件图纸（原理图、材料清单）相关信息。

4.2 获得专利情况

查阅与产品相关的发明专利、实用新型专利。

4.3 参与标准制定情况

查阅参与制定并已颁布的国家标准、行业标准等证明材料信息。

4.4 产品获奖情况

查阅产品获奖证书等相关信息。

4.5 软件著作权情况

查阅与产品相关的软件著作权信息。

5 生产制造

5.1 ※生产场地

查阅不动产权证书、土地使用权证、房屋产权证、厂房设计图纸等相关信息。

应具有与产品相配套的场地（包括专用生产场地、原材料存放场地、试验场地、调试场地等），厂房若为租用则需有长期租用合同（租赁合同不短于 1 年）。厂房面积、生产环境和工艺布局应满足生产需要。

5.2 生产工艺
5.2.1 工艺控制文件

各工序的作业指导书、工艺控制文件应齐全、统一、规范。各工艺环节中无国家明令禁止的行为。

5.2.2 关键生产工艺控制

产品工艺从原材料/组部件进厂检验、生产装配、出厂检验到产品入库所规定的每道工序的工艺技术能保证产品生产的需要。生产产品的各个工序应按工艺文件执行，现场记录内容规范、详实，并具有可追溯性。现场定置管理，有明显的标识牌。

5.3 ※生产设备

查阅设备的现场实际情况及购买发票等相关信息。

具有与产品生产相适应的设备，生产设备自有，不得借用、租用其他公司的工装设备，且能正常使用。主要生产设备见附录 B。

自主研制的生产设备应提供设计图纸、委外加工协议等支撑材料。

6 试验检测

6.1 试验调试场所

查看试验调试场所现场情况。

具有与核实产品相配套的试验场所，试验场所环境满足试验要求。

6.2 试验检测管理

查阅相关的规章制度文件、过程记录以及出厂试验记录等相关信息。

应具有试验室管理制度、操作规程、试验标准，并在操作过程中严格按照规程执行。

6.3 ※试验检测设备

查阅设备的现场实际情况及购买发票等相关信息。

具有满足出厂试验项目的测试能力，不能租用、借用其他公司的设备，或委托其他单位进行出厂试验，主要试验检测设备见附录C。

自主研制的试验设备应提供设计图纸、委外加工协议等支撑材料。

设备使用正常，具有检定报告，并在检定合格期内。强检计量仪器、设备具有相应资格单位出具的有效检定证书。

6.4 现场抽样

现场抽查至少两份出厂试验报告，报告应规范完整、项目齐全，检测结果应满足相关标准要求。出厂试验项目见附录D。

6.5 ※抽样检测

原则上现场对与被核实产品相同或相近型式的产品进行抽样检验。样品在供应商声明的合格产品中抽取，抽样检验项目一般在出厂试验项目中选取。抽样检验重点核实供应商试验方法、试验场地环境、人员操作能力、仪器设备有效性和产品性能等方面。

现场随机抽取3台产品，且该产品已具有出厂试验报告，随机做3项出厂例行试验，所有试验结果均应满足相关要求。

7 原材料/组部件管理

7.1 管理规章制度

查阅原材料/组部件管理规章制度。

具有进厂检验制度及其他原材料/组部件管理制度。

具有主要原材料/组部件供应商筛选制度，外购原材料/组部件生产厂家应通过质量管理体系认证。

7.2 原材料/组部件管理情况

查看原材料/组部件管理实际执行情况。

a) 设计采用的原材料/组部件不能有国家明令禁止的。

b) 按规定进行进厂检验，验收合格后入库。

c) 分类独立存放，物资仓库有足够的存储空间和适宜的环境，实行定置管理，标识清晰、正确、规范、合理。

d) 原材料/组部件使用现场记录内容规范、详实，并具有可追溯性。

7.3 主要组部件情况

查阅产品主要组部件合作商的采购合同或协议等相关信息，如自行开发或生产应提供相关证明材料。

a) 外壳；

b) AD 转换器；

c) 精密电阻、电容、电感；

d) CPU 微处理器；

e) 存储芯片；

f) 时钟芯片；

g) LCD 液晶显示屏；

h) 通信模块。

8 数智制造

应用互联网和物联网技术，打造"透明工厂"，生产制造、试验检验、原材料/组部件管理等信息对买方公开，接入国家电网电工装备智慧物联平台。

加强数字基础设施建设，推动数字技术与先进制造技术融合发展。供应商相关业务数据、原材料/组部件检验数据、生产过程检验数据、出厂试验数据、成品信息数据和视频数据等支持自动采集或系统推送。数据接口需保障数据完整性、正确性、安全性，具有可扩展性、通信实时性等。

9 绿色发展

查看供应商资源能源消耗情况、战略体系、绿色认证及其他支撑材料，包括：

a) 相关油、水、气、煤及电力、热力等能源消耗，建立能源利用统计报表制度，分析生产经营环节能源利用情况。

b) 相关绿色工厂认证、绿色产品标识、绿色供应链管理等相关资质文件。

c) 将绿色发展理念融入战略体系中，并形成明确的绿色发展目标，制定详实且具有操作性的实施路径。

d) 建立、实施并保持支撑企业绿色低碳发展的绿色管理体系情况，包括但不限于能源管理体系、碳排放管理体系、能源计量管理体系等。

e) 使用无害原材料，禁止使用国家明令禁止的淘汰设备、工艺技术等，并应用国家鼓励的节能设备与先进工艺技术情况。

f) 建立完善的绿色采购管理制度，推广绿色包装材料应用，并建立系统的循环利用体系，实施绿色制造情况。

g) 生产环节的大气污染物排放、水体污染物排放、固体废弃物排放、噪声排放等基础排放符合相关国家标准及地方标准要求情况。

10 售后服务

查阅管理文件、组织机构设置、人员档案以及售后服务记录等相关信息。

本文件中所有核实内容都将对供应商参与招投标活动有重要影响，其中标记"※"的内容是以往招标必备项的要求，也是重点核实内容，其他未标记"※"的为一般核实内容。

附 录 A

检 验 项 目

检验项目见表 A.1。

表 A.1 检 验 项 目

序号	检验项目	
1	外观与结构检查	外观检查
2		电气间隙和爬电距离检查
※3	准确度试验	电压测量误差
4		整定电压值基本误差
5		电压合格率（或时间），超上限率、下限率（或时间）的综合测量误差
※6		时钟准确度试验
7	电源影响试验	电压影响试验
8		频率影响试验
9		谐波影响试验
10	功耗试验	功耗试验
11	功能试验	监测统计功能试验
12		U_{1min} 采样时间试验
13		数据存储功能试验
14		参数设置与查询功能
15		显示功能试验
16		软件升级功能试验
17		停电试验
18	通信试验	测试的数据项
※19		通信一致性测试
20		数据采集成功率
21		周期采集成功率
22		比特误码率
23		响应时间

表 A.1（续）

序号	检验项目	
24	绝缘性能试验	绝缘电阻测量
25		介电强度试验
26		接触电流测试
27	电磁兼容试验	静电放电抗扰度试验
28		射频电磁场辐射抗扰度试验
29		电快速瞬变脉冲群抗扰度试验
30		振铃波抗扰度试验
31		浪涌（冲击）抗扰度试验
32		工频磁场抗扰度试验
33	气候环境影响试验	温度试验
34		恒定湿热试验
35	外壳防护等级试验	外壳防护等级试验
36	机械性能试验	振动试验
37		冲击试验
38		倾斜跌落试验
39		运输试验
40	外壳和端子着火试验	外壳和端子着火试验
※41	信息安全试验	安全接入
42		用户权限
43		用户认证
44		安全管理
45		安全审计
46		完整性保护
47		抗攻击
48		备份恢复
49		保密性

附 录 B
主 要 生 产 设 备

主要生产设备包括：

a) 贴片机；

b) 波峰（回流）焊机；

c) 印刷机；

d) 高低温度试验设备（老化设备）。

附 录 C
主 要 试 验 检 测 设 备

主要试验检测设备包括：

a) 对时装置；

b) 电压监测仪检验装置；

c) 绝缘电阻测试仪；

d) 交流耐压测试设备。

附 录 D
出 厂 试 验 项 目

出厂试验项目包括：

a) 外观检查；

b) 准确度试验：时钟准确度试验，电压测量误差试验，整定电压值基本误差，电压合格率（或时间），超上限率，下限率（或时间）的综合测量误差；

c) 电源影响试验：电压影响试验、频率影响试验、谐波影响试验；

d) 功耗试验；

e) 功能试验：监测统计功能试验、参数设置与查询功能、显示功能试验、停电试验；

f) 通信试验；

g) 绝缘性能试验：绝缘电阻测量、介电强度试验、接触电流测试；

h) 温度试验。

局部放电测试仪
供应商资质能力信息核实规范

目　次

局部放电测试仪供应商资质能力信息核实规范

1 范围

本文件是国家电网有限公司对局部放电测试仪供应商的资质条件以及制造能力进行信息核实的依据。

本文件适用于国家电网有限公司局部放电测试仪供应商信息核实工作。

供应商为中华人民共和国境内注册成立的局部放电测试仪制造商；或中华人民共和国境外的局部放电测试仪制造商在中华人民共和国境内注册成立的全资或控股的合资企业，或者在中华人民共和国境内注册成立负责销售工作的全资或控股子公司。

2 规范性引用文件

下列文件中的内容通过文中的规范性引用而构成本文件必不可少的条款。其中，注日期的引用文件，仅该日期对应的版本适用于本文件；不注日期的引用文件，其最新版本（包括所有的修改单）适用于本文件。下列文件中相同或相似条款之间存在不一致时，按要求较高的指标执行。

GB 191　包装　储运　图示标志

GB 4793.1　测量、控制和实验室用电气设备的安全通用要求　第 1 部分：通用要求

GB 11463　电子测量仪器可靠性试验

GB/T 2423　电工电子产品环境试验

GB/T 4208　外壳防护等级（IP 代码）

GB/T 6587　电子测量仪器通用规范

GB/T 6592　电工和电子测量设备性能表示

GB/T 7354　局部放电测量

GB/T 17626　电磁兼容　试验和测量技术

GB/T 18268.1　测量、控制和实验室用的电设备　电磁兼容性要求　第 1 部分：通用要求

DL/T 356　局部放电测量仪校准规范

DL/T 846.4　高电压测试设备通用技术条件　第 4 部分　脉冲电流法局部放电测量仪

DL/T 1575　6kV～35kV 电缆振荡波局部放电测量系统

Q/GDW 11061　局部放电超声波检测仪技术规范

Q/GDW 11063　暂态地电压局部放电检测仪技术规范

Q/GDW 11304.1　电力设备带电检测仪器技术规范　第 1 部分：带电检测仪器通用技术规范

Q/GDW 11304.5　电力设备带电检测仪器技术规范　第 5 部分：高频法局部放电带电检测仪器技术规范

Q/GDW 11304.8　电力设备带电检测仪器技术规范　第 8 部分：特高频法局部放电带电检测仪器技术规范

Q/GDW 11304.16—2021　电力设备带电检测仪器技术规范　第 16 部分：暂态地电压局部放电检测仪

3　资质信息

3.1　企业信息

3.1.1　※基本信息

查阅营业执照。

供应商为中华人民共和国境内依法注册的法人或其他组织：

a)　若供应商为中华人民共和国境内注册成立的局部放电测试仪制造商；

b)　若供应商为中华人民共和国境外的局部放电测试仪制造商在中华人民共和国境内注册成立的全资或控股的合资企业，或者在中华人民共和国境内注册成立负责销售工作的全资或控股子公司。

3.1.2　法定代表人/负责人信息

查阅法定代表人/负责人身份证（或护照）。

3.1.3　财务信息

查阅审计报告、财务报表，其中审计报告为具有资质的第三方机构出具，注册资本和股本结构。

查阅验资报告。

3.2　报告证书

3.2.1　检测报告或检验报告

查阅报告、送样样品生产过程记录以及其他支撑资料。报告出具机构需为具有 CNAS 检测或 CMA 资质的第三方检测机构。

a)　若供应商为中华人民共和国境内注册成立的局部放电测试仪制造商：检验报告中的制造单位（生产单位）及委托单位为供应商自身。

b)　若供应商为中华人民共和国境外的局部放电测试仪制造商在中华人民共和国境内注册成立的全资或控股的合资企业，或者在中华人民共和国境内注册成立负责销售工作的全资或控股子公司（直接或间接相对控股）：检验报告中的制造单位（生产单位）为境外的局部放电测试仪制造商，委托单位可以为该境外制造商在中华人民共和国境内注册成立的全资或控股的合资企业，或者在中华人民共和国境内注册成立负责销售工作的全资或控股子公司（直接或间接相对控股），并提供供应商与产品制造商之间的关系证明文件。

c) 检验报告符合国家标准、行业标准、国家电网有限公司企业标准中规定的检验项目的要求，检验项目见附录 A。

d) 产品在设计、材料或制造工艺改变或者产品转厂生产或异地生产时，需重新取得检验报告。

3.2.2 ※质量管理体系

制造商具有健全的质量管理体系，且运行情况良好，查阅管理体系认证书或其他证明材料。

3.3 产品业绩

查阅供货合同及相对应的合同销售发票。

a) 境外业绩提供中文版本或经公证后的中文译本合同，出口业绩需附加提供报关单。

b) 不予统计的业绩有（不限于此）：

1) 与同类产品制造厂之间的业绩；

2) 作为元器件、组部件的业绩；

3) 供应商与经销商、代理商的业绩；

4) 证明材料无法确认供货业绩要求的所有要素的；

5) 与非最终用户（即业主单位或负责所供货物运行、使用的单位以外的主体）签订的供货合同。

4 设计研发能力（制造商适用）

4.1 获得专利情况

查阅发明专利、实用新型专利。

4.2 参与标准制定情况

查阅参与制定并已颁布的国家标准、行业标准等证明材料信息。

4.3 产品获奖情况

查阅产品获奖证书等相关信息。

5 生产制造能力（制造商适用）

5.1 ※生产场地

查阅不动产权证书、土地使用权证、房屋产权证、房屋租赁合同等相关信息，实际察看生产场地。

具有与产品相配套的场地（包括专用生产组装场地、原材料存放场地、试验、调试场地等），生产场地为自有或长期租赁。

5.2 生产工艺

5.2.1 工艺控制文件

各工序的作业指导书、工艺控制文件需齐全、统一、规范。各工艺环节中无国家明

令禁止的行为。

5.2.2 关键生产工艺控制

查阅工艺控制文件、管理体系文件、工艺流程控制记录。

a) 查阅生产、检测工艺控制文件以及工艺流程控制记录等相关信息；

b) 查阅供应商整套系统组装和联调工艺控制文件以及流程控制记录等相关信息；

c) 现场有明显的标识牌，现场有生产设备的操作规程。

5.3 ※生产设备

查阅设备的现场实际情况及购买发票等相关信息。

a) 具有与产品相适应的生产设备。主要生产设备需至少包含：装配类设备、焊接类设备、包装类设备。生产设备为自有，不能租用借用其他公司的设备，且能正常使用。建立设备管理档案（包括使用说明、台账、保养维护记录等）。

b) 自主研制的设备具有设计图纸、委外加工协议等支撑材料。

5.4 ※人员构成

查阅人力资源部门管理文件（如劳动合同、人员花名册、社保、培训记录、职称证书、学历或学位证书等），核实员工总人数、设计研发人员、生产制造人员、试验检验人员、售后服务人员等。

a) 员工与供应商签订劳动合同，具有社保证明，不得借用其他公司的人员；

b) 中、高级职称人员具有中、高级职称证书；

c) 供应商组织员工定期培训，并且对培训记录进行存档管理。

6 试验检测能力（制造商适用）

6.1 试验检测管理

查阅相关的规章制度文件、过程记录以及出厂试验报告等相关信息。

供应商具有试验场所管理制度、操作规程、试验标准以及完整的试验数据记录。

6.2 ※试验调试场所

查看试验调试场所现场情况。

具有与核实产品相配套的试验场所，试验场所环境满足试验要求，试验场所不临时租用或借用。

6.3 ※试验检测设备

查阅设备的现场实际情况及购买发票等相关信息。

a) 主要的试验设备包括：绝缘电阻测试仪、示波器、信号发生器等详见附录B。试验检测设备为自有，不能租用借用其他公司的设备，且能正常使用。

b) 试验中使用的计量器具及检测设备具备有效期内合格的检定/校准证书或检测报告。建立设备管理档案（包括使用说明、台账、保养维护记录等）。

6.4 现场抽样

6.4.1 抽查出厂试验报告

现场抽查至少两份出厂试验报告，报告需规范完整，检测结果应满足相关标准要求。

6.4.2 ※抽样检测

原则上现场应对与被核实产品相同或相近型式的产品进行抽样检验。样品应在供应商声明的合格产品中抽取，抽样检验项目一般在出厂试验项目中选取。抽样检验重点核实供应商试验方法、试验场地环境、人员操作能力、仪器设备有效性和产品性能等方面。

现场抽取申请核实且具有出厂合格证的产品两台，每台至少抽检出厂试验报告中两项试验，检测结果需与产品出厂试验报告一致。出厂检验项目见附录C。

7 原材料/组部件管理（制造商适用）

7.1 管理规章制度及执行情况

查阅原材料/组部件（元器件）管理规章制度，并且按照原材料/组部件管理制度严格执行。

a) 具有进厂检验制度及其他原材料/组部件管理制度。

b) 具有主要原材料/组部件供应商筛选制度。

c) 按工艺文件所规定的技术要求和相应管理文件，根据生产计划采购。主要原材料/组部件供应商变更有相应的报告并在相关工艺文件中说明。

d) 按规定进行进厂检验，验收合格后入库。

e) 分类独立存放，物资仓库有足够的存储空间和适宜的环境，实行定置管理，标识清晰、正确、规范、合理。

f) 原材料/组部件使用现场记录内容规范、详实，并具有可追溯性。

7.2 主要组部件情况

查阅产品主要组部件的采购合同或协议等相关信息。

8 数智制造

应用互联网和物联网技术，打造"透明工厂"，生产制造、试验检验、原材料/组部件管理等信息对买方公开，接入国家电网电工装备智慧物联平台。

加强数字基础设施建设，推动数字技术与先进制造技术融合发展。供应商相关业务数据、原材料/组部件检验数据、生产过程检验数据、出厂试验数据、成品信息数据和视频数据等支持自动采集或系统推送。数据接口需保障数据完整性、正确性、安全性，具有可扩展性、通信实时性等。

9 绿色发展

查看供应商资源能源消耗情况、战略体系、绿色认证及其他支撑材料，包括：

a) 相关油、水、气、煤，及电力、热力等能源消耗，建立能源利用统计报表制度，分析生产经营环节能源利用情况；

b) 相关绿色工厂认证、绿色产品标识、绿色供应链管理等相关资质文件；

c）将绿色发展理念融入战略体系中，并形成明确的绿色发展目标，制定详实且具有操作性的实施路径；

d）建立、实施并保持支撑企业绿色低碳发展的绿色管理体系情况，包括但不限于能源管理体系、碳排放管理体系、能源计量管理体系等；

e）使用无害原材料，禁止使用国家明令禁止的淘汰设备、工艺技术等，并应用国家鼓励的节能设备与先进工艺技术情况；

f）建立完善的绿色采购管理制度，推广绿色包装材料应用，并建立系统的循环利用体系，实施绿色制造情况；

g）生产环节的大气污染物排放、水体污染物排放、固体废弃物排放、噪声排放等基础排放符合相关国家标准及地方标准要求情况。

10 售后服务及产能

10.1 售后服务

查阅管理文件、组织机构设置、人员档案以及售后服务记录等相关信息，查阅以往的售后服务记录，记录完整规范，并具有可追溯性。

10.2 产能（制造商适用）

通过供应商提供的产能报告，根据产品生产的瓶颈进行判断。产能报告中需体现产能瓶颈，产能按照 365 工作日×8 小时工作制计算。

本文件中所有核实内容都将对供应商参与招投标活动有重要影响，其中标记"※"的内容是以往招标必备项的要求，也是重点核实内容，其他未标记"※"的为一般核实内容。

附 录 A
检 验 项 目

Q/GDW 11061—2017 规定的局部放电测试仪（超声波）检验项目见表 A.1。

表 A.1 局部放电测试仪（超声波）检验项目

序号	检验项目		
1	结构和外观要求		
2	功能检验	基本功能	
3		专项功能	巡检型专项功能
4			诊断型专项功能
5	安全试验	接触电流	
6		介电强度试验	
7	性能特性测试	传感器灵敏度试验	
8		检测灵敏度试验	
9		检测频带试验	
10		动态范围试验	
11		线性度误差试验	
12		通道一致性试验	
13		重复性试验	
14	电磁兼容性试验	静电放电抗扰度试验	
15		射频电磁场辐射抗扰度试验	
16		电快速瞬变脉冲群抗扰度试验	
17		浪涌（冲击）抗扰度试验	
18		射频场感应的传导骚扰抗扰度试验	
19		工频磁场抗扰度试验	
20		电压暂降、短时中断抗扰度试验	
21	环境适应性试验	温度试验	
22		湿度试验	
23		振动试验	
24		冲击试验	

表 A.1（续）

序号	检验项目	
25	包装运输试验	振动试验
26		自由跌落试验
27		翻滚试验
28	外壳防护性试验	防尘试验
29		防水试验

Q/GDW 11063—2013 规定的局部放电测试仪（暂态地电压）检验项目见表 A.2。

表 A.2　局部放电测试仪（暂态地电压）检测项目

序号	检验项目	
1	结构和外观检查	
2	功能检验	基本功能要求
3		高级功能要求
4	安全试验	绝缘电阻
5		介电强度
6	性能要求	频带
7		线性度
8		稳定性
9		脉冲计数
10		定位功能
11	电磁兼容性试验	静电放电抗扰度
12		射频电磁场辐射抗扰度
13		电快速瞬变脉冲群抗扰度试验
14		浪涌（冲击）抗扰度试验
15		射频场感应的传导骚扰抗扰度试验
16		工频磁场抗扰度试验
17		电压暂降、短时中断抗扰度试验
18	环境适应性试验	温度试验
19		湿度试验
20		振动试验
21		冲击试验

表 A.2（续）

序号	检验项目	
22	包装运输试验	振动试验
23		自由跌落试验
24		翻滚试验
25	外壳防护性试验	防尘试验
26		防水试验

Q/GDW 11304.5 规定的局部放电测试仪（高频）检验项目见表 A.3。

表 A.3　局部放电测试仪（高频）检验项目

序号	检验项目	
1	结构和外观要求试验	
2	功能检验	基本功能
3		专项功能
4	安全试验	接触电流
5		介电强度试验
6	性能特性测试	传感器传输阻抗
7		检测频率
8		灵敏度
9		线性度
10		抗干扰性能
11	电磁兼容性试验	静电放电抗扰度试验
12		射频电磁场辐射抗扰度试验
13		电快速瞬变脉冲群抗扰度试验
14		浪涌（冲击）抗扰度试验
15		射频场感应的传导骚扰抗扰度试验
16		工频磁场抗扰度试验
17		电压暂降、短时中断抗扰度试验
18	环境适应性试验	温度试验
19		湿度试验

表 A.3（续）

序号		检验项目
20	环境适应性试验	振动试验
21		冲击试验
22	包装运输试验	振动试验
23		自由跌落试验
24		翻滚试验
25	外壳防护性试验	防尘试验
26		防水试验

Q/GDW 11304.8 规定的局部放电测试仪（特高频）检验项目见表 A.4。

表 A.4　局部放电测试仪（特高频）检验项目

序号		检验项目
1		结构和外观检查
2	功能检验	基本功能检验
3		巡检型专项功能
4		诊断型专项功能
5	安全试验	接触电流
6		介电强度试验
7	性能特性测试	传感器平均有效高度试验
8		检测灵敏度试验
9		动态范围试验
10		局部放电类型正确识别率试验
11		稳定性试验
12		便携性检测
13	电磁兼容性试验	静电放电抗扰度试验
14		射频电磁场辐射抗扰度试验
15		电快速瞬变脉冲群抗扰度试验
16		浪涌（冲击）抗扰度试验

表 A.4（续）

序号	检验项目	
17	电磁兼容性试验	射频场感应的传导骚扰抗扰度试验
18		工频磁场抗扰度试验
19		电压暂降、短时中断抗扰度试验
20	环境适应性试验	温度试验
21		湿度试验
22		振动试验
23		冲击试验
24	包装运输试验	振动试验
25		自由跌落试验
26		翻滚试验
27	外壳防护性试验	防尘试验
28		防水试验

DL/T 846.4—2016 规定的局部放电测试仪（脉冲电流）检验项目见表 A.5。

表 A.5 局部放电测试仪（脉冲电流）检验项目

序号	检验项目		
1	结构和外观要求试验	外观	
2		系统软件功能	
3	安全性能试验	绝缘电阻	
4		介电强度	
5	性能测试	频带与截止频率	
6		基本误差	幅值线性度最大允许误差
7			对正负脉冲响应的不对称度最大允许误差
8			量程换挡最大允许误差
9			低重复率脉冲响应幅度最大允许误差
10			脉冲序列响应最大允许误差
11		脉冲分辨时间	
12		测量灵敏度	

表 A.5（续）

序号	检验项目		
13	性能测试		脉冲重复率
14			触发功能
15			稳定性
16		测量阻抗	测量阻抗通流能力试验
17			测量阻抗过电压保护性能试验
18		校准脉冲发生器	校准脉冲电压波形
19			校准电荷量最大允许误差
20			校准脉冲发生器的内阻
21			输出脉冲的重复频率
22	电磁兼容试验		静电放电抗扰度试验
23			射频电磁场辐射抗扰度试验
24			电快速瞬变脉冲群抗扰度试验
25			浪涌（冲击）抗扰度试验
26			射频场感应的传导骚扰抗扰度试验
27			工频磁场抗扰度试验
28			电压暂降、短时中断抗扰度试验
29	环境适应性试验		温度试验
30			湿度试验
31			振动试验
32			冲击试验
33	包装运输试验		振动试验
34			自由跌落试验
35			翻滚试验

DL/T 1575—2016 规定的局部放电测试仪（电缆振荡波）检验项目见表 A.6。

表 A.6 局部放电测试仪（电缆振荡波）检验项目

序号	检测项目	
1	结构和外观检查	
2	软件功能检查	
3	安全性能	介电强度
4	局部放电测量性能	量程范围
5		测量误差
6		测量频带
7		测量灵敏度
8		定位频带
9		定位精度
10	振荡波测量性能	电压波形
11		电压测量误差
12	校准器	挡位检查
13		脉冲波形
14		峰值电压
15		校准电容
16		内阻
17	补偿电容器	电容量
18		交流耐压试验
19		局部放电量
20	激励电源	直流电源充电能力
21	电磁兼容性试验	静电放电抗扰度试验
22		射频电磁场辐射抗扰度试验
23		电快速瞬变脉冲群抗扰度试验
24		浪涌（冲击）抗扰度试验
25		射频场感应的传导骚扰抗扰度试验
26		工频磁场抗扰度试验
27		电压暂降、短时中断抗扰度试验

表 A.6（续）

序号	检测项目			
28	机械性能	振动		
29		冲击		
30		倾斜跌落		
31		运输	振动试验	
32			自由跌落试验	
33			翻滚试验	
34	外壳防护试验	防尘试验		
35		防水试验		

附 录 B
试 验 检 测 设 备

试验检测设备要求见表 B.1。

表 B.1 试 验 检 测 设 备

序号	试验设备名称
1	※信号发生器
2	※示波器
3	※频谱分析仪
4	※高低温湿热、老化箱
5	※绝缘电阻测试仪
6	振动试验台

注 ※为主要设备。

附 录 C
出 厂 检 测 项 目

各类型局部放电测试仪产品的出厂试验项目如下。

C.1 局部放电超声波检测仪

参考 Q/GDW 11061—2017《局部放电超声波检测仪技术规范》，包括：
a） 结构和外观要求；
b） 功能检验；
c） 传感器灵敏度试验；
d） 检测灵敏度试验；
e） 检测频带试验；
f） 动态范围试验；
g） 线性度误差试验；
h） 通道一致性试验；
i） 重复性试验；
j） 接触电流；
k） 介电强度。

C.2 暂态地电压局部放电检测仪

参考 Q/GDW 11063—2013《暂态地电压局部放电检测仪技术规范》，包括：
a） 结构和外观要求；
b） 功能检验；
c） 定位功能；
d） 检测频带试验；
e） 脉冲计数；
f） 线性度；
g） 稳定性；
h） 绝缘电阻试验。

C.3 高频局部放电带电检测仪

参考 Q/GDW 11304.5《电力设备带电检测仪器技术规范 第 5 部分：高频法局部放电带电检测仪器技术规范》，包括：
a） 外观和结构要求；
b） 功能检查；

c) 传感器传输阻抗；

d) 检测灵敏度试验；

e) 检测频率；

f) 线性度；

g) 抗干扰性能；

h) 接触电流；

i) 介电强度。

C.4 特高频局部放电带电检测仪

参考 Q/GDW 11304.8《电力设备带电检测仪器技术规范 第 8 部分：特高频法局部放电带电检测仪器技术规范》，包括：

a) 结构和外观要求；

b) 功能检查；

c) 传感器平均有效高度试验（非必要）；

d) 检测灵敏度试验（非必要）；

e) 动态范围试验（非必要）；

f) 稳定性试验。

C.5 脉冲电流局部放电测量仪

参考 DL/T 846.4—2016《高电压测试设备通用技术条件 第 4 部分：脉冲电流法局部放电测量仪》，包括：

a) 结构和外观要求。

b) 软件功能检查。

c) 频带和截止频率。

d) 基本误差：

1) 幅值线性度最大允许误差；

2) 对正负脉冲响应的不对称度最大允许误差；

3) 量程换挡最大允许误差；

4) 低重复率脉冲响应幅度最大允许误差；

5) 脉冲序列响应最大允许误差。

e) 脉冲分辨时间。

f) 测量灵敏度。

g) 脉冲重复率。

h) 触发功能。

i) 稳定性。

j) 测量阻抗：

   1） 通流能力试验；

   2） 测量阻抗过电压保护性能试验。

  k） 校准脉冲发生器：

   1） 校准脉冲电压波形；

   2） 校准电荷量最大允许误差；

   3） 校准脉冲发生器的内阻；

   4） 输出脉冲的重复频率。

  l） 绝缘电阻。

  m） 介电强度。

C.6 6kV～35kV 电缆振荡波局部放电测量系统

参考 DL/T 1575—2016《6kV～35kV 电缆振荡波局部放电测量系统》，包括：

  a） 结构和外观要求。

  b） 软件功能检查。

  c） 局部放电测量性能：

   1） 量程范围；

   2） 测量误差；

   3） 测量频带；

   4） 测量灵敏度；

   5） 定位频带；

   6） 定位精度。

  d） 振荡波测量性能：

   1） 电压波形；

   2） 电压测量误差。

  e） 校准器：

   1） 挡位检查；

   2） 脉冲波形；

   3） 峰值电压；

   4） 校准电容；

   5） 内阻。

  f） 补偿电容器：

   1） 电容量；

   2） 交流耐压试验；

   3） 局部放电量。

  g） 激励电源－直流电源充电能力。

电缆故障探测仪供应商资质能力信息核实规范

目　次

电缆故障探测仪供应商资质能力信息核实规范

1 范围

本文件是国家电网有限公司对电缆故障探测仪供应商的资质条件以及制造能力信息进行核实的依据。

本文件适用于国家电网有限公司电缆故障探测仪供应商信息核实工作。

供应商为中华人民共和国境内注册成立的电缆故障探测仪制造商；或中华人民共和国境外的电缆故障探测仪制造商在中华人民共和国境内注册成立的全资或控股的合资企业，或者在中华人民共和国境内注册成立负责销售工作的全资或控股子公司。

2 规范性引用文件

下列文件中的内容通过文中的规范性引用而构成本文件必不可少的条款。其中，注日期的引用文件，仅该日期对应的版本适用于本文件；不注日期的引用文件，其最新版本（包括所有的修改单）适用于本文件。下列文件中相同或相似条款之间存在不一致时，按要求较高的指标执行。

GB 191　包装　储运　图示标志

GB 4793.1　测量、控制和实验室用电气设备的安全通用要求　第1部分：通用要求

GB 11463　电子测量仪器可靠性试验

GB/T 2423　电工电子产品环境试验

GB/T 4208　外壳防护等级（IP代码）

GB/T 6587　电子测量仪器通用规范

GB/T 6592　电工和电子测量设备性能表示

GB/T 17626　电磁兼容　试验和测量技术

GB/T 18268.1　测量、控制和实验室用的电设备　电磁兼容性要求　第1部分：通用要求

DL/T 846.15　高电压测试设备通用技术条件　第15部分：高压脉冲源电缆故障检测装置

DL/T 849.1　电力设备专用测试仪器通用技术条件　第1部分：电缆故障闪测仪

DL/T 849.2　电力设备专用测试仪器通用技术条件　第2部分：电缆故障定点仪

DL/T 849.3　电力设备专用测试仪器通用技术条件　第3部分：电缆路径仪

DL/T 2530.1　电力电缆测试设备通用技术条件　第1部分：电缆故障定位电桥

3 资质信息

3.1 企业信息

3.1.1 ※基本信息

查阅营业执照。

供应商为中华人民共和国境内依法注册的法人或其他组织。

a) 供应商为中华人民共和国境内注册成立的电缆故障探测仪制造商；

b) 供应商为中华人民共和国境外的电缆故障探测仪制造商在中华人民共和国境内注册成立的全资或控股的合资企业，或者在中华人民共和国境内注册成立负责销售工作的全资或控股子公司。

3.1.2 法定代表人/负责人信息

查阅法定代表人/负责人身份证（或护照）。

3.1.3 财务信息

查阅审计报告、财务报表，其中审计报告为具有资质的第三方机构出具，注册资本和股本结构。

查阅验资报告。

3.2 报告证书

3.2.1 检测报告或检验报告

查阅检测报告、送样样品生产过程记录以及其他支撑资料。报告出具机构需为具有 CNAS 检测或 CMA 资质的第三方检测机构。

a) 若供应商为中华人民共和国境内注册成立的电缆故障探测仪制造商：检验报告中的制造单位（生产单位）及委托单位为供应商自身。

b) 若供应商为中华人民共和国境外的电缆故障探测仪制造商在中华人民共和国境内注册成立的全资或控股的合资企业，或者在中华人民共和国境内注册成立负责销售工作的全资或控股子公司（直接或间接相对控股）：检验报告中的制造单位（生产单位）为境外的电缆故障探测仪制造商，委托单位可以为该境外制造商在中华人民共和国境内注册成立的全资或控股的合资企业，或者在中华人民共和国境内注册成立负责销售工作的全资或控股子公司（直接或间接相对控股），并提供供应商与产品制造商之间的关系证明文件。

c) 检验报告符合国家标准、行业标准中规定的检验项目的要求,检验项目见附录 A。

d) 产品在设计、材料或制造工艺改变或者产品转厂生产或异地生产时，需重新取得检验报告。

3.2.2 ※质量管理体系

制造商具有健全的质量管理体系，且运行情况良好，查阅管理体系认证书或其他证明材料。

3.3 产品业绩

查阅供货合同及相对应的合同销售发票。

a) 境外业绩提供中文版本或经公证后的中文译本合同，出口业绩需附加提供报关单。

b) 不予统计的业绩有（不限于此）：

　　1) 与同类产品制造厂之间的业绩。

　　2) 作为元器件、组部件的业绩。

　　3) 供应商与经销商、代理商之间的业绩。

　　4) 证明材料无法确认供货业绩要求的所有要素的。

　　5) 与非最终用户（即业主单位或负责所供货物运行、使用的单位以外的主体）签订的供货合同。

4　设计研发能力（制造商适用）

4.1　获得专利情况

查阅发明专利、实用新型专利。

4.2　参与标准制定情况

查阅参与制定并已颁布的国家标准、行业标准等证明材料信息。

4.3　产品获奖情况

查阅产品获奖证书等相关信息。

5　生产制造能力（制造商适用）

5.1　※生产场地

查阅不动产权证书、土地使用权证、房屋产权证、厂房设计图纸、房屋租赁合同、用电客户编号等相关信息，实际察看生产场地。

具有与产品相配套的场地（包括专用生产组装场地、原材料存放场地、试验、调试场地等），生产场地为自有或长期租赁。

5.2　生产工艺

5.2.1　工艺控制文件

各工序的作业指导书、工艺控制文件需齐全、统一、规范。各工艺环节中无国家明令禁止的行为。

5.2.2　关键生产工艺控制

查阅工艺控制文件、管理体系文件、工艺流程控制记录。

a) 查阅生产、检测工艺控制文件以及工艺流程控制记录等相关信息。

b) 查阅供应商整套系统组装和联调工艺控制文件以及流程控制记录等相关信息。

c) 现场有明显的标识牌，现场有生产设备的操作规程。

5.3　※生产设备

查阅设备的现场实际情况及购买合同发票等相关信息。

a) 具有与产品相适应的生产设备。主要生产设备需至少包含：装配类设备、焊接类设备、包装类设备。生产设备为自有，不能租用借用其他公司的设备，且能

正常使用。建立设备管理档案（包括使用说明、台账、保养维护记录等）。

b) 自主研制的设备具有设计图纸、委外加工协议等支撑材料。

5.4 ※人员构成

查阅人力资源部门管理文件（如劳动合同、人员花名册、社保、培训记录、职称证书、学历或学位证书等），核实员工总人数、设计研发人员、生产制造人员、试验检验人员、售后服务人员等。

a) 员工与供应商签订劳动合同，具有社保证明，不得借用其他公司的人员。

b) 中、高级职称人员具有中、高级职称证书。

c) 供应商组织员工定期培训，并且对培训记录进行存档管理。

6 试验检测能力（制造商适用）

6.1 试验检测管理

查阅相关的规章制度文件、过程记录以及出厂试验报告等相关信息。

供应商具有试验场所管理制度、操作规程、试验标准以及完整的试验数据记录。

6.2 ※试验调试场所

查看试验调试场所现场情况。

具有与核实产品相配套的试验场所，试验场所环境满足试验要求，试验场所不临时租用或借用。

6.3 ※试验检测设备

查阅设备的现场实际情况及购买合同发票等相关信息。

a) 主要的试验设备包括：示波器、信号发生器或标准电压/电流源等，详见附录B。试验检测设备为自有，不能租用借用其他公司的设备，且能正常使用。

b) 试验中使用的计量器具及检测设备具备有效期内合格的检定/校准证书或检测报告。建立设备管理档案（包括使用说明、台账、保养维护记录等）。

6.4 现场抽样

6.4.1 抽查出厂试验报告

现场抽查至少两份出厂试验报告，报告需规范完整，检测结果满足相关标准要求。

6.4.2 ※抽样检测

原则上现场应对与被核实产品相同或相近型式的产品进行抽样检验。样品应在供应商声明的合格产品中抽取，抽样检验项目一般在出厂试验项目中选取。抽样检验重点核实供应商试验方法、试验场地环境、人员操作能力、仪器设备有效性和产品性能等方面。

现场抽取申请核实且具有出厂合格证的产品两台，每台至少抽检出厂试验报告中两项试验，检测结果与产品出厂试验报告一致。出厂检验项目见附录C。

7 原材料/组部件管理（制造商适用）

7.1 管理规章制度及执行情况

查阅原材料/组部件（元器件）管理规章制度，并且按照原材料/组部件管理制度严格执行。

    a) 具有进厂检验制度及其他原材料/组部件管理制度。

    b) 具有主要原材料/组部件供应商筛选制度。

    c) 按工艺文件所规定的技术要求和相应管理文件，根据生产计划采购。主要原材料/组部件供应商变更有相应的报告并在相关工艺文件中说明。

    d) 按规定进行进厂检验，验收合格后入库。

    e) 分类独立存放，物资仓库有足够的存储空间和适宜的环境，实行定置管理，标识清晰、正确、规范、合理。

    f) 原材料/组部件使用现场记录内容规范、详实，并具有可追溯性。

7.2 主要组部件情况

查阅产品主要组部件的采购合同或协议等相关信息。

8 数智制造

应用互联网和物联网技术，打造"透明工厂"，生产制造、试验检验、原材料/组部件管理等信息对买方公开，接入国家电网电工装备智慧物联平台。

加强数字基础设施建设，推动数字技术与先进制造技术融合发展。供应商相关业务数据、原材料/组部件检验数据、生产过程检验数据、出厂试验数据、成品信息数据和视频数据等支持自动采集或系统推送。数据接口需保障数据完整性、正确性、安全性，具有可扩展性、通信实时性等。

9 绿色发展

查看供应商资源能源消耗情况、战略体系、绿色认证及其他支撑材料，包括：

    a) 相关油、水、气、煤及电力、热力等能源消耗，建立能源利用统计报表制度，分析生产经营环节能源利用情况；

    b) 相关绿色工厂认证、绿色产品标识、绿色供应链管理等相关资质文件；

    c) 将绿色发展理念融入战略体系中，并形成明确的绿色发展目标，制定详实且具有操作性的实施路径；

    d) 建立、实施并保持支撑企业绿色低碳发展的绿色管理体系情况，包括但不限于能源管理体系、碳排放管理体系、能源计量管理体系等；

    e) 使用无害原材料，禁止使用国家明令禁止的淘汰设备、工艺技术等，并应用国家鼓励的节能设备与先进工艺技术情况；

    f) 建立完善的绿色采购管理制度，推广绿色包装材料应用，并建立系统的循环利用体系，实施绿色制造情况；

    g) 生产环节的大气污染物排放、水体污染物排放、固体废弃物排放、噪声排放等基础排放符合相关国家标准及地方标准要求情况。

10 售后服务及产能

10.1 售后服务

查阅管理文件、组织机构设置、人员档案以及售后服务记录等相关信息，查阅以往的售后服务记录，记录完整规范，并具有可追溯性。

10.2 产能（制造商适用）

通过供应商提供的产能报告，根据产品生产的瓶颈进行判断。产能报告中需体现产能瓶颈，产能按照 365 工作日×8 小时工作制计算。

本文件中所有核实内容都将对供应商参与招投标活动有重要影响，其中标记"※"的内容是以往招标必备项的要求，也是重点核实内容，其他未标记"※"的为一般核实内容。

附 录 A
检 验 项 目

DL/T 849.1—2019、DL/T 849.2—2019、DL/T 849.3—2019、DL/T 846.15—2021、DL/T 2530.1—2022 规定的检验项目见表 A.1。

表 A.1 检 验 项 目

序号	检验部分	检验项目	
1	闪测仪部分	外观检查	外观检查
		功能检查	基本功能检查
		电气安全试验	绝缘电阻试验
			介电强度试验
		性能试验	故障测试距离（探测距离）
			测试盲区试验（测试盲区）
			最大允许误差试验［电缆故障点距离测试端为100m 时的预定位误差（取绝对值）］
			最大允许误差试验［电缆故障点距离测试端为1000m 时的预定位误差（取绝对值）］
			最大允许误差试验［电缆故障点距离测试端为10000m 时的预定位误差（取绝对值）］
			光标移动步长试验
		环境试验	电源适应性试验
			温度试验
			湿度试验
			振动试验
			冲击试验
			包装运输试验
		电磁兼容性	静电放电抗扰度
			射频电磁场辐射抗扰度试验
			电快速脉冲群抗扰度试验
			射频场感应的传导骚扰抗扰度试验
			浪涌（冲击）抗扰度试验

表 A.1（续）

序号	检验部分	检验项目	
1	闪测仪部分	电磁兼容性	工频磁场抗扰度试验
			电压暂降及短时中断抗扰度
2	定点仪部分	外观检查	外观检查
		功能检查	基本功能检查
		电气安全试验	绝缘电阻试验
			介电强度试验
		性能试验	声强测量下限试验
			磁场强度测量下限试验
			故障定点误差试验（声磁时间差试验）
		环境试验	电源适应性试验
			温度试验
			湿度试验
			振动试验
			冲击试验
			包装运输试验
		电磁兼容性	静电放电抗扰度
			射频电磁场辐射抗扰度试验
			工频磁场抗扰度试验
3	路径仪部分	外观检查	外观检查
		功能检查	基本功能检查
		电气安全试验	绝缘电阻试验
			介电强度试验
		性能试验	发射机频率误差试验
			路径仪发射机信号频率误差
			路径仪电缆水平走向探测误差
			路径仪电缆埋深探测误差
		环境试验	电源适应性试验
			温度试验
			湿度试验
			振动试验

表 A.1（续）

序号	检验部分	检验项目	
3	路径仪部分	环境试验	冲击试验
			包装运输试验
		电磁兼容性	静电放电抗扰度
			射频电磁场辐射抗扰度试验
			工频磁场抗扰度试验
4	高压电源单元	外观检查	外观检查
		电气安全试验	绝缘电阻
			绝缘强度
			耐受电压
		功能检查	升压控制功能
			电压极性
			工作模式
			保护功能
		性能试验	电压输出测量误差
			纹波因数
		环境适应性试验	电源适应性试验
			低温试验
			高温试验
			运输贮存试验
			冲击试验
			包装运输试验
		电磁兼容性	静电放电（ESD）抗扰度
			射频电磁场辐射抗扰度试验
			电快速脉冲群抗扰度试验
			射频场感应的传导骚扰抗扰度试验
			浪涌（冲击）抗扰度试验
			电压暂降及短时中断抗扰度
5	识别仪部分	外观检查	外观检查
		功能检查	基本功能检查

表 A.1（续）

序号	检验部分	检验项目		
5	识别仪部分	电气安全试验	绝缘电阻试验	
			介电强度试验	
		性能试验	识别仪识别功能检查	
			识别仪发射机脉冲电流输出能力	
			识别仪接收机增益	
		环境试验	电源适应性试验	
			温度试验	
			湿度试验	
			振动试验	
			冲击试验	
			包装运输试验	
		电磁兼容性	静电放电抗扰度	
			射频电磁场辐射抗扰度试验	
			电快速脉冲群抗扰度试验	
			射频场感应的传导骚扰抗扰度试验	
			浪涌（冲击）抗扰度试验	
			电压暂降及短时中断抗扰度	
6	高压定位电桥部分	外观检查	外观和结构检查	
		功能检查	急停	
			非零位闭锁	
		电气安全试验	绝缘电阻	
			介电强度	
		性能试验	定位误差试验	
			高压直流电源试验	
			短路试验	
		环境试验	电源频率与电压试验	
			温度试验	
			湿度试验	
			振动试验	

表 A.1（续）

序号	检验部分	检验项目	
6	高压定位电桥部分	环境试验	冲击试验
			运输试验
		电磁兼容性	静电放电抗扰度
			射频电磁场辐射抗扰度试验
			电快速脉冲群抗扰度试验
			射频场感应的传导骚扰抗扰度试验
			浪涌（冲击）抗扰度试验
			工频磁场抗扰度试验
			电压暂降及短时中断抗扰度
		外壳防护等级试验	外壳防护等级试验（防尘、防水）

附 录 B
试 验 检 测 设 备

试验检测设备见表 B.1。

表 B.1 试 验 检 测 设 备

序号	试验检测设备名称
1	※示波器
2	※信号发生器或标准电压/电流源
3	※耐电压测试仪
4	※交流耐压试验装置（配电压测量系统）
5	※绝缘电阻测试仪
6	※交直流高压分压器
7	※实物故障电缆
8	※高压介质损耗测试仪
9	高压电阻比例单元
10	※高低温湿热、老化箱

注 ※为主要试验设备。

附 录 C
出 厂 检 验 项 目

DL/T 846.15—2021、DL/T 849.1—2019、DL/T 849.1—2019、DL/T 849.3—2019 规定的出厂检验项目见表 C.1。

表 C.1 出 厂 检 验 项 目

序号	检验部分	检验项目	
1	闪测仪部分	外观检查	外观检查
		功能检查	基本功能检查
		电气安全试验	绝缘电阻试验
			介电强度试验
		性能试验	故障测试距离（探测距离）
			测试盲区试验（测试盲区）
			最大允许误差试验［电缆故障点距离测试端为 100m 时的预定位误差（取绝对值）］
			最大允许误差试验［电缆故障点距离测试端为 1000m 时的预定位误差（取绝对值）］
			最大允许误差试验［电缆故障点距离测试端为 10000m 时的预定位误差（取绝对值）］
			光标移动步长试验
2	定点仪部分	外观检查	外观检查
		功能检查	基本功能检查
		电气安全试验	绝缘电阻试验
			介电强度试验
		性能试验	声强测量下限试验
			磁场强度测量下限试验
			故障定点误差试验（声磁时间差试验）
3	路径仪部分	外观检查	外观检查
		功能检查	基本功能检查
		电气安全试验	绝缘电阻试验
			介电强度试验

表 C.1（续）

序号	检验部分		检验项目
3	路径仪部分	性能试验	发射机频率误差试验
			路径仪发射机信号频率误差
			路径仪电缆水平走向探测误差
			路径仪电缆埋深探测误差
4	高压电源单元	外观检查	外观检查
		功能检查	升压控制功能
			电压极性
			工作模式
			保护功能
		性能试验	电压测量误差
			纹波因数
5	识别仪部分	外观检查	外观检查
		功能检查	基本功能检查
		电气安全试验	绝缘电阻试验
			介电强度试验
		性能试验	识别仪识别功能检查
			识别仪发射机脉冲电流输出能力
			识别仪接收机增益
6	高压定位电桥部分	外观检查	外观检查
		功能检查	急停
			非零位闭锁
		电气安全试验	绝缘电阻试验
			介电强度试验
		性能试验	定位误差试验
			高压直流电源试验
			短路试验

钳形电流表供应商
资质能力信息核实规范

目　次

钳形电流表供应商资质能力信息核实规范

1 范围

本文件是国家电网有限公司对钳形电流表供应商的资质条件以及制造能力进行信息核实的依据。

本文件适用于国家电网有限公司钳形电流表供应商信息核实工作。

供应商为中华人民共和国境内注册成立的钳形电流表制造商。

2 规范性引用文件

下列文件中的内容通过文中的规范性引用而构成本文件必不可少的条款。其中，注日期的引用文件，仅该日期对应的版本适用于本文件；不注日期的引用文件，其最新版本（包括所有的修改单）适用于本文件。下列文件中相同或相似条款之间存在不一致时，按要求较高的指标执行。

JJG 124　电流表、电压表、功率表及电阻表

JB/T 9285　钳形电流表

JJF 1001　通用计量术语及定义

JJF 1059.1　测量不确定度评定与表示

JJF 1071　国家计量校准规范编写规则

JJF 1075—2015　钳形电流表校准规范

3 资质信息

3.1 企业信息

3.1.1 ※基本信息

查阅营业执照。

供应商为中华人民共和国境内依法注册的法人或其他组织。

3.1.2 法定代表人/负责人信息

查阅法定代表人/负责人身份证（或护照）。

3.1.3 财务信息

查阅审计报告、财务报表，其中审计报告为具有资质的第三方机构出具，注册资本和股本结构。

查阅验资报告。

3.2 报告证书

3.2.1 ※校准证书

查阅被核实产品校准证书、送样样品生产过程记录以及其他支撑资料。

校准证书需符合以下要求：

a) 校准证书出具机构为取得 CNAS 认可的校准实验室或省级以上法定计量检定机构。校准证书中的制造单位（生产单位）及委托单位为供应商自身。

b) 校准证书均系针对具体型号产品。

c) 校准证书需符合校准规范、国家电网有限公司企业标准中规定的检验项目的要求，检验项目至少包含电流误差试验。

d) 产品在设计、材料或制造工艺改变时，需重取得校准证书。

3.2.2 ※质量管理体系

具有健全的质量管理体系，且运行情况良好，查阅管理体系认证书或其他证明材料。

3.3 产品业绩

查阅供货合同及相对应的合同销售发票。

a) 合同的供货方和产品实际生产方需为被核实供应商自身。

b) 供货合同与发票中载明的产品信息一致，供货数量以发票与合同中的较小值为准。

c) 出口业绩提供中文版本或经公证后的中文译本合同及报关单。

d) 不予统计的业绩有（不限于此）：

  1) 与同类产品制造厂之间的业绩；

  2) 销售元器件、组部件的业绩；

  3) 证明材料无法确认产品型号等供货业绩要求的所有要素的；

  4) 供应商与经销商、代理商的业绩；

  5) 与非最终用户（即业主单位或负责所供货物运行、使用的单位以外的主体）签订的供货合同。

4 设计研发能力

4.1 获得专利情况

查阅发明专利、实用新型专利。

4.2 参与标准制定情况

查阅参与制定并已颁布的国家标准、行业标准等证明材料信息。

4.3 产品获奖情况

查阅产品获奖证书等相关信息。

5 生产制造能力

5.1 ※生产场地

查阅不动产权证书、土地使用权证、房屋产权证、厂房设计图纸、房屋租赁合同、用电客户编号等相关信息，实际察看生产场地。

具有与产品相配套的场地（包括专用生产组装场地、原材料存放场地、试验、调试场地等），生产场地为自有或长期租赁。

5.2 生产工艺

5.2.1 工艺控制文件

各工序的作业指导书、工艺控制文件齐全、统一、规范。各工艺环节中无国家明令禁止的行为。

5.2.2 关键生产工艺控制

查阅工艺控制文件、管理体系文件、工艺流程控制记录等相关信息。

a) 查阅生产、检测工艺控制文件以及工艺流程控制记录等相关信息。

b) 查阅供应商整套系统组装和联调工艺控制文件以及流程控制记录等相关信息。

c) 现场有明显的标识牌，现场有生产设备的操作规程。

5.3 ※生产设备

查阅设备的现场实际情况及购买合同、发票等相关信息。

a) 具有与产品相适应的生产设备。主要生产设备需至少包含：装配类设备、焊接类设备、包装类设备等，见附录 A。生产设备为自有，不能租用借用其他公司的设备，且能正常使用。建立设备管理档案（包括使用说明、台账、保养维护记录等）。

b) 自主研制的设备具有设计图纸、委外加工协议等支撑材料。

5.4 ※人员构成

查阅人力资源部门管理文件（如劳动合同、人员花名册、社保、培训记录、职称证书、学历或学位证书等），核实员工总人数，中、高级职称人员、管理人员、设计研发人员、生产制造人员、试验检验人员、售后服务人员等。

a) 员工与供应商签订劳动合同，具有社保证明，不得借用其他公司的人员。

b) 中、高级职称人员具有相应职称证书。

c) 供应商组织员工定期培训，并且对培训记录进行存档管理。

6 试验检测能力

6.1 试验检测管理

查阅相关的规章制度文件、过程记录以及出厂试验报告等相关信息。

供应商具有试验场所管理制度、操作规程、试验标准以及完整的试验数据记录。

6.2 ※试验调试场所

查看试验调试场所现场情况。

具有与核实产品相配套的试验场所，试验场所环境满足试验要求，试验场所不临时租用或借用。

6.3 ※试验检测设备

查阅设备的现场实际情况及购买合同发票等相关信息。

a) 主要的试验设备包括：标准电流表等，详见附录 B。试验检测设备为自有，不能租用借用其他公司的设备，且能正常使用。

b) 试验中使用的计量器具及检测设备具备有效期内合格的检定/校准证书或检测报告。建立设备管理档案（包括使用说明、台账、保养维护记录等）。

6.4 现场抽样

6.4.1 抽查出厂试验报告

现场抽查至少两份出厂试验报告，报告规范完整、检测结果需满足相关标准要求。

6.4.2 ※抽样检测

原则上现场应对与被核实产品相同或相近型式的产品进行抽样检验。样品应在供应商声明的合格产品中抽取，抽样检验项目一般在出厂试验项目中选取。抽样检验重点核实供应商试验方法、试验场地环境、人员操作能力、仪器设备有效性和产品性能等方面。

现场抽取申请核实且具有出厂合格证的产品两台，每台至少抽检出厂试验报告中电流误差试验，检测结果需与产品出厂试验报告一致。出厂检验项目至少包含电流误差试验。

7 原材料/组部件管理

7.1 管理规章制度及执行情况

查阅原材料/组部件（元器件）管理规章制度，并且按照原材料/组部件管理制度严格执行。原材料/组部件管理需符合以下要求：

a) 具有进厂检验制度及其他原材料/组部件管理制度。

b) 具有主要原材料/组部件供应商筛选制度。

c) 按工艺文件所规定的技术要求和相应管理文件，根据生产计划采购。主要原材料/组部件供应商变更有相应的报告并在相关工艺文件中说明。

d) 按规定进行进厂检验，验收合格后入库。

e) 分类独立存放，物资仓库有足够的存储空间和适宜的环境，实行定置管理，标识清晰、正确、规范、合理。

f) 原材料/组部件使用现场记录内容规范、详实，并具有可追溯性。

7.2 主要组部件情况

查阅产品主要组部件的采购合同或协议及、发票等相关信息。

8 数智制造

应用互联网和物联网技术，打造"透明工厂"，生产制造、试验检验、原材料/组部件管理等信息对买方公开，接入国家电网电工装备智慧物联平台。

加强数字基础设施建设，推动数字技术与先进制造技术融合发展。供应商相关业务数据、原材料/组部件检验数据、生产过程检验数据、出厂试验数据、成品信息数据和视频数据等支持自动采集或系统推送。数据接口需保障数据完整性、正确性、安全性，具有可扩展性、通信实时性等。

9 绿色发展

查看供应商资源能源消耗情况、战略体系、绿色认证及其他支撑材料，包括：

a） 相关油、水、气、煤及电力、热力等能源消耗，建立能源利用统计报表制度，分析生产经营环节能源利用情况；

b） 相关绿色工厂认证、绿色产品标识、绿色供应链管理等相关资质文件；

c） 将绿色发展理念融入战略体系中，并形成明确的绿色发展目标，制定详实且具有操作性的实施路径；

d） 建立、实施并保持支撑企业绿色低碳发展的绿色管理体系情况，包括但不限于能源管理体系、碳排放管理体系、能源计量管理体系等；

e） 使用无害原材料，禁止使用国家明令禁止的淘汰设备、工艺技术等，并应用国家鼓励的节能设备与先进工艺技术情况；

f） 建立完善的绿色采购管理制度，推广绿色包装材料应用，并建立系统的循环利用体系，实施绿色制造情况；

g） 生产环节的大气污染物排放、水体污染物排放、固体废弃物排放、噪声排放等基础排放符合相关国家标准及地方标准要求情况。

10 售后服务及产能

10.1 售后服务

查阅管理文件、组织机构设置、人员档案以及售后服务记录等相关信息，查阅以往的售后服务记录，记录完整规范，并具有可追溯性。

10.2 产能

通过供应商提供的产能报告，根据产品生产的瓶颈进行判断。产能报告中需体现产能瓶颈，产能按照 365 工作日×8 小时工作制计算。

本文件中所有核实内容都将对供应商参与招投标活动有重要影响，其中标记"※"的内容是以往招标必备项的要求，也是重点核实内容，其他未标记"※"的为一般核实内容。

附　录　A
生　产　设　备

生产设备见表 A.1。

表 A.1　生　产　设　备

序号	设备类别及名称
1	※装配类设备（如装配工作台、剥线机/钳等）
2	※焊接类设备（如焊枪、热风枪等）
3	※包装类设备（如打包机等）

附 录 B
试 验 检 测 设 备

试验检测设备见表 B.1。

表 B.1 试 验 检 测 设 备

序号	设备名称
1	※多功能校准器（标准源）
2	※标准电流表（数字多用表）
3	※绝缘电阻测试仪
4	大电流发生装置（若标准源无法囊括供应商所申请核实 产品的量程上限需另具备此装置）
5	标准电阻

色谱仪供应商
资质能力信息核实规范

目　次

色谱仪供应商资质能力信息核实规范

1 范围

本文件是国家电网有限公司色谱仪产品供应商的资质条件以及制造能力信息进行核实的依据。

本文件适用于国家电网有限公司实验室气相色谱仪和便携式气相色谱仪供应商的核实工作。包括：

a） 实验室气相色谱仪；

b） 便携式气相色谱仪。

2 规范性引用文件

下列文件中的内容通过文中的规范性引用而构成本文件必不可少的条款。其中，注日期的引用文件，仅该日期对应的版本适用于本文件；不注日期的引用文件，其最新版本（包括所有的修改单）适用于本文件。

GB/T 17623 绝缘油中溶解气体组分含量的气相色谱测定法

JJG 700 气相色谱仪检定规程

Q/GDW 11304.41 电力设备带电检测仪器技术规范 第 4-1 部分：油中溶解气体分析带电检测仪器技术规范（气相色谱法）

3 资质信息

3.1 企业信息

3.1.1 ※基本信息

查阅营业执照。

供应商为中华人民共和国境内依法注册的法人或其他组织。

3.1.2 法定代表人/负责人信息

查阅法定代表人/负责人身份证（或护照）。

3.1.3 财务信息

查阅审计报告、财务报表，其中审计报告为具有资质的第三方机构出具。

3.1.4 资信等级证明

查阅银行或专业评估机构出具的证明。

3.1.5 注册资本和股本结构

查阅验资报告。

3.2 报告证书

3.2.1 ※检定证书

查阅实验室气相色谱仪提供检定证书。

a) 检定证书出具单位为省级及以上法定计量检定机构。

b) 检定证书的送检单位和制造单位是供应商自身。

c) 检定证书均系针对具体型号产品，被检定产品与核实产品一致。

d) 检定证书符合 JJG 700 规定的检定项目和指标的要求，并出具完整的、有效的检定证书。主要检定项目见附录 A。

3.2.2 ※检测报告

查阅便携式气相色谱仪提供检测报告。

a) 检测报告出具单位为具有 CNAS 检测或 CMA 资质的第三方检测机构。

b) 检测报告的委托单位和生产制造单位是供应商自身。

c) 检测报告均系针对具体型号产品，被检测产品与核实产品一致。

d) 检测报告符合相应的国家标准以及国家电网有限公司企业标准规定的检测项目和指标的要求，并出具完整的、有效的检测报告，主要检测项目见附录 B。

e) 检测报告的封面加盖 CMA 或 CNAS 认证标识章，若未加盖认证标识章，提供检测机构的 CMA 或 CNAS 证书复印件。

f) 产品在设计、材料或制造工艺改变或者产品转厂生产或异地生产时，重新进行相应的型式试验。

3.2.3 ※质量管理体系

具有健全的质量管理体系，且运行情况良好，查阅管理体系认证书或其他证明材料。

3.3 产品业绩

查阅供货合同及相对应的发票，若合同信息无法反映具体产品信息等信息，需要附上技术协议/技术规范书等证明材料。

a) 合同的供货方、发票出具均为被核实供应商自身。

b) 供货合同与发票中载明的产品信息一致，供货数量以发票与合同中的较小值为准。

c) 出口业绩提供出口业绩的报关单、合同提供中文版本或经公证后的中文译本。

d) 不予统计的业绩有（不限于此）：

　　1) 与同类产品制造厂之间的业绩。

　　2) 作为元器件、组部件的业绩。

　　3) 供应商与经销商、代理商之间的业绩。

　　4) 证明材料无法确认供货业绩要求的所有要素的。

　　5) 与非最终用户（即业主单位或负责所供货物运行、使用的单位以外的主体）签订的供货合同。

4 设计研发能力

4.1 技术来源与支持
查阅与合作支持方的协议及设计文件图纸等相关信息。

4.2 设计研发内容
查阅产品研发的设计、试验、关键工艺技术、质量控制方面的情况。

4.3 设计研发人员
查阅设计研发部门的机构设置及人员信息。

4.4 设计研发工具
查阅实际研发设计工具等相关信息。

4.5 获得专利情况
查阅与产品相关的专利证书。

4.6 参与标准制（修）订情况
查阅主持或参与制（修）订并已发布的标准及相关证明材料信息。

4.7 产品获奖情况
查阅与产品相关的省部级及以上获奖证书的相关信息。

4.8 商业信誉
查阅企业相关国家、行业或第三方发布的综合实力、品牌等排名。

4.9 软件著作权情况
查阅与产品相关的软件著作权。

5 生产制造能力

5.1 ※生产厂房
查阅不动产权证书、房屋产权证、厂房设计图纸、用电客户编号等相关信息。

具有与产品生产相配套的厂房，厂房若为租用则需有长期租用合同。其厂房面积、生产环境和工艺布局满足生产需要，从原材料/组部件存放、生产装配、检验到产品入库的每道工序场地合理布局满足工艺文件规定，能保证被核实产品的生产。

5.2 ※生产工艺
5.2.1 工艺控制文件
各工序的作业指导书、工艺控制文件齐全、统一、规范。各工艺环节中无国家明令禁止的行为。

5.2.2 关键生产工艺控制
产品工艺从原材料/组部件进厂检验、生产装配、出厂检验到产品入库所规定的每道工序的工艺技术能保证产品生产的需要。生产产品的各个工序按工艺文件执行，现场记录内容规范、详实，并具有可追溯性。现场定置管理，有明显的标识牌。

5.3 ※生产设备
查阅设备的现场实际情况及购买发票等相关信息。

a) 具有与产品生产相适应的设备，工装设备自有，不得借用、租用其他公司的工装设备。气相色谱仪生产设备具备：钻床、恒温干燥箱。

b) 自主研制的工装设备提供设计图纸、委外加工协议等支撑材料。

c) 设备使用正常。建立设备管理档案（包括使用说明、台账、保养维护记录等），其维修保养等记录规范详实，具有可追溯性。

5.4 生产、技术、质量管理人员

查阅人力资源部门管理文件（如劳动合同、人员花名册等），包括生产、技术、质量管理等人员数量，观察现场人员的操作水平或结合现场实际情况和生产流程控制记录进行判断。具体要求如下：

a) 具有生产需要的专职生产、技术人员，其中有中高级职称的技术人员，且不得借用其他公司的。一线生产人员培训上岗，操作熟练。

b) 具有质量管理组织机构、质量管理部门及人员。

6 试验检测能力

6.1 试验场所

查看试验调试场所现场情况。

具有与核实产品相配套的试验场所，试验场所环境满足试验要求。

6.2 试验检测管理

查阅相关的规章制度文件、过程记录以及出厂试验记录等相关信息。

具有试验室管理制度、操作规程、试验标准，并在操作过程中严格按照规程执行。

6.3 ※试验检测设备

查阅设备的现场实际情况及购买发票等相关信息。

a) 具有满足全部出厂试验项目的测试能力，不能租用、借用其他公司的设备，或委托其他单位进行出厂试验。各类产品试验设备包括：绝缘电阻测试仪、工频耐压测试仪、数字测温仪、气体流量计、温度试验箱等。

b) 自主研制的试验设备提供设计图纸、委外加工协议等支撑材料。

c) 设备使用正常，具有资质单位出具的检测报告，并在合格期内。强检计量仪器、设备具有国家法定计量检定机构出具的有效检定证书。

6.4 ※现场抽样

6.4.1 抽查出厂试验报告

现场抽查两份出厂试验报告，报告规范完整、项目齐全，检测结果满足相关标准要求。出厂试验项目见附录 C。

6.4.2 ※抽样检测

原则上现场应对与被核实产品相同或相近型式的产品进行抽样检验。样品应在供应商声明的合格产品中抽取，抽样检验项目一般在出厂试验项目中选取。抽样检验重点核实供应商试验方法、试验场地环境、人员操作能力、仪器设备有效性和产品性能等方面。

现场抽取申请核实且具有出厂合格证的产品两台，每台抽检出厂试验报告中两项试验，检测结果与产品出厂试验报告一致。

7 原材料/组部件管理

7.1 管理规章制度

查阅原材料/组部件管理规章制度。

a) 具有进厂检验制度及其他原材料/组部件管理制度。

b) 具有主要原材料/组部件供应商筛选制度，外购原材料/组部件生产厂家通过质量管理体系认证。

7.2 管理控制情况

查看原材料/组部件管理实际执行情况。

a) 设计采用的原材料/组部件不能有国家明令禁止的。

b) 按规定进行进厂检验，验收合格后入库。

c) 分类独立存放，物资仓库有足够的存储空间和适宜的环境，实行定置管理，标识清晰、正确、规范、合理。

d) 原材料/组部件使用现场记录内容规范、详实，并具有可追溯性。

7.3 主要组部件情况

查阅产品主要组部件合作商的采购合同或协议等相关信息，如自行开发或生产提供相关证明材料。气相色谱仪主要部件包括：外壳、检测器、色谱柱、电路板等。

8 数智制造

应用互联网和物联网技术，打造"透明工厂"，生产制造、试验检验、原材料/组部件管理等信息对买方公开，接入国家电网电工装备智慧物联平台。

加强数字基础设施建设，推动数字技术与先进制造技术融合发展。供应商相关业务数据、原材料/组部件检验数据、生产过程检验数据、出厂试验数据、成品信息数据和视频数据等支持自动采集或系统推送。数据接口需保障数据完整性、正确性、安全性，具有可扩展性、通信实时性等。

9 绿色发展

查看供应商资源能源消耗情况、战略体系、绿色认证及其他支撑材料，包括：

a) 相关油、水、气、煤，及电力、热力等能源消耗，建立能源利用统计报表制度，分析生产经营环节能源利用情况；

b) 相关绿色工厂认证、绿色产品标识、绿色供应链管理等相关资质文件；

c) 将绿色发展理念融入战略体系中，并形成明确的绿色发展目标，制定详实且具有操作性的实施路径；

d) 建立、实施并保持支撑企业绿色低碳发展的绿色管理体系情况，包括但不限于能源管理体系、碳排放管理体系、能源计量管理体系等；

e） 使用无害原材料、禁止使用国家明令禁止的淘汰设备、工艺技术等，并应用国家鼓励的节能设备与先进工艺技术情况；

f） 建立完善的绿色采购管理制度，推广绿色包装材料应用，并建立系统的循环利用体系，实施绿色制造情况；

g） 生产环节的大气污染物排放、水体污染物排放、固体废弃物排放、噪声排放等基础排放符合相关国家标准及地方标准要求情况。

10 售后服务及产能

查阅管理文件、组织机构设置、人员档案及售后服务记录等相关信息。

本文件中所有核实内容都将对供应商参与招投标活动有重要影响，其中标记"※"的内容是以往招标必备项的要求，也是重点核实内容，其他未标记"※"的为一般核实内容。

附 录 A
气相色谱仪（实验室）检定项目

气相色谱仪（实验室）检定项目见表 A.1。

表 A.1 气相色谱仪（实验室）检定项目

序号	检定项目
1	通用技术要求
2	柱箱温度稳定性（10min）
3	载气流速稳定性（10min）
4	程序升温重复性
5	基线噪声
6	基线漂移（30min）
7	灵敏度
8	检测限
9	定性重复性
※10	定量重复性

注　1. 检定结果符合 JJG 700 检定规程的要求。

2. ※项为检定证书中必备的检定项目。

附 录 B
气相色谱仪（便携式）检测项目

气相色谱仪（便携式）检测项目见表 B.1。

表 B.1 气相色谱仪（便携式）检测项目

序号		检测项目
1		结构和外观要求
2		基本功能
3	电气安全性能试验	接触电流
		介电强度试验
4	专项功能	载气流速稳定性
		温度稳定性
		分离度
		基线噪声
		基线漂移
		灵敏度
		检测限
		测量范围与测量误差
		※定量重复性（标油）
		※油中气体组分最小检测浓度
		分析时间
5	电磁兼容性试验	静电放电抗扰度试验
		射频电磁场辐射抗扰度试验
		快速瞬变脉冲群抗扰度试验
		浪涌（冲击）抗扰度试验
		射频场感应的传导骚扰抗扰度试验
		工频磁场抗扰度试验
		电压暂降和短时中断抗扰度试验
6	环境适应性试验	温度试验
		湿度试验

表 B.1（续）

序号	检测项目	
6	环境适应性试验	振动试验
		冲击试验
7	包装运输试验	振动试验
		自由跌落试验
		翻滚试验
8	外壳防护性试验	防尘试验
		防水试验

注 1. 除油中气体组分最小检测浓度检测项目外，其与检测项目的检测结果符合 Q/GDW 11304.41 的要求。

2. 油中气体组分最小检测浓度检测项目，其检测结果符合 GB/T 17623 的要求。

3. ※项为检测报告中必备的检测项目。

附 录 C
出 厂 试 验 项 目

C.1 气相色谱仪（实验室）

a) 外观检查；

b) 载气流速稳定性；

c) 柱箱温度稳定性；

d) 基线噪声；

e) 基线漂移；

f) 灵敏度；

g) 检测限；

h) 定性重复性；

i) 定量重复性。

C.2 气相色谱仪（便携式）

a) 结构和外观检查；

b) 专项功能；

c) 接触电流；

d) 介电强度；

e) 载气流速稳定性；

f) 柱箱温度稳定性；

g) 分离度；

h) 基线噪声；

i) 基线漂移；

j) 灵敏度；

k) 检测限；

l) 定量重复性；

m) 测量范围与测量误差；

n) 分析时间。

SF$_6$纯度测试仪、
SF$_6$电气设备微量水分测试仪、
SF$_6$分解产物检测仪、
SF$_6$气体综合测试仪
供应商资质能力信息核实规范

目　次

SF$_6$纯度测试仪、SF$_6$电气设备微量水分测试仪、SF$_6$分解产物检测仪、SF$_6$气体综合测试仪供应商资质能力信息核实规范

1 范围

本文件是国家电网有限公司对 SF$_6$纯度测试仪、SF$_6$电气设备微量水分测试仪、SF$_6$分解产物检测仪、SF$_6$气体综合测试仪供应商的资质条件以及制造能力进行信息核实的依据。

本文件适用于国家电网有限公司 SF$_6$纯度测试仪、SF$_6$电气设备微量水分测试仪、SF$_6$分解产物检测仪、SF$_6$气体综合测试仪供应商信息核实工作。

供应商为中华人民共和国境内注册成立的 SF$_6$纯度测试仪、SF$_6$电气设备微量水分测试仪、SF$_6$分解产物检测仪、SF$_6$气体综合测试仪制造商。

2 规范性引用文件

下列文件中的内容通过文中的规范性引用而构成本文件必不可少的条款。其中，注日期的引用文件，仅该日期对应的版本适用于本文件；不注日期的引用文件，其最新版本（包括所有的修改单）适用于本文件。下列文件中相同或相似条款之间存在不一致时，按要求较高的指标执行。

GB 191　包装　储运　图示标志

GB 4793.1　测量、控制和实验室用电气设备的安全通用要求　第 1 部分：通用要求

GB 11463　电子测量仪器可靠性试验

GB/T 2423　电工电子产品环境试验

GB/T 4208　外壳防护等级（IP 代码）

GB/T 6587　电子测量仪器通用规范

GB/T 6592　电工和电子测量设备性能表示

GB/T 12022　工业六氟化硫

GB/T 17626　电磁兼容　试验和测量技术

GB/T 18268.1　测量、控制和实验室用的电设备　电磁兼容性要求　第 1 部分：通用要求

DL/T 506　六氟化硫电气设备中绝缘气体湿度测量方法

DL/T 846.5　高电压测试设备通用技术条件　第 5 部分：六氟化硫气体湿度仪

DL/T 1205　六氟化硫电气设备分解产物试验方法

DL/T 1876.1　六氟化硫检测仪技术条件—分解产物检测仪

Q/GDW 1896　SF_6气体分解产物检测技术现场应用导则

Q/GDW 11304.1—2015　电力设备带电检测仪器技术规范　第 1 部分：带电检测仪器通用技术规范

Q/GDW 11304.11—2019　电力设备带电检测仪器技术规范　第 11 部分：SF_6气体湿度带电检测仪

Q/GDW 11304.12—2019　电力设备带电检测仪器技术规范　第 12 部分：SF_6气体纯度带电检测仪

Q/GDW 11304.13—2015　电力设备带电检测仪器技术规范　第 13 部分：SF_6气体分解产物带电检测仪技术规范

3　资质信息

3.1　企业信息

3.1.1　※基本信息

查阅营业执照。

供应商为中华人民共和国境内依法注册的法人或其他组织。

3.1.2　法定代表人/负责人信息

查阅法定代表人/负责人身份证（或护照）。

3.1.3　财务信息

查阅审计报告、财务报表，其中审计报告为具有资质的第三方机构出具，注册资本和股本结构。

查阅验资报告。

3.2　报告证书

3.2.1　检测报告或检验报告

查阅被核实产品的检测报告或检验报告、送样样品生产过程记录以及其他支撑资料。

a)　报告出具机构为具有 CNAS 检测或 CMA 资质的第三方检测机构，检验报告中的制造单位（生产单位）及委托单位为供应商自身。

b)　检验报告应符合国家标准、行业标准、国家电网有限公司企业标准中规定的检验项目的要求，检验项目见附录 A。

c)　产品在设计、材料或制造工艺改变时，需重新取得检验报告。

3.2.2　※质量管理体系

具有健全的质量管理体系，且运行情况良好，查阅管理体系认证书或其他证明材料。

3.3　产品业绩

查阅供货合同及相对应的合同销售发票。

a)　合同的供货方和产品实际生产方需为被核实供应商自身。

b) 供货合同与发票中载明的产品信息一致，供货数量以发票与合同中的较小值为准。

c) 出口业绩提供中文版本或经公证后的中文译本合同及供报关单。

d) 不予统计的业绩有（不限于此）：

    1) 与同类产品制造厂之间的业绩；

    2) 销售元器件、组部件的业绩；

    3) 证明材料无法确认产品型号等供货业绩要求的所有要素的；

    4) 供应商与经销商、代理商的业绩；

    5) 与非最终用户（即业主单位或负责所供货物运行、使用的单位以外的主体）签订的供货合同。

4 设计研发能力

4.1 获得专利情况

查阅发明专利、实用新型专利。

4.2 参与标准制定情况

查阅参与制定并已颁布的国家标准、行业标准等证明材料信息。

4.3 产品获奖情况

查阅产品获奖证书等相关信息。

5 生产制造能力

5.1 ※生产场地

查阅不动产权证书、土地使用权证、房屋产权证、房屋租赁合同等相关信息，实际察看生产场地。

具有与产品相配套的场地（包括专用生产组装场地、原材料存放场地、试验、调试场地等），生产场地为自有或长期租赁。

5.2 生产工艺

5.2.1 工艺控制文件

各工序的作业指导书、工艺控制文件齐全、统一、规范。各工艺环节中无国家明令禁止的行为。

5.2.2 关键生产工艺控制

查阅工艺控制文件、管理体系文件、工艺流程控制记录等相关信息。

a) 查阅生产、检测工艺控制文件以及工艺流程控制记录等相关信息；

b) 查阅供应商整套系统组装和联调工艺控制文件以及流程控制记录等相关信息；

c) 现场有明显的标识牌，现场有生产设备的操作规程。

5.3 ※生产设备

查阅设备的现场实际情况及购买合同、发票等相关信息。

a) 具有与产品相适应的生产设备，详见附录 B。生产设备为自有，不能租用借用

其他公司的设备，且能正常使用。建立设备管理档案（包括使用说明、台账、保养维护记录等）。

b）自主研制的设备具有设计图纸、委外加工协议等支撑材料。

5.4 ※人员构成

查阅人力资源部门管理文件（如劳动合同、人员花名册、社保、培训记录、职称证书、学历或学位证书等），核实员工总人数、中、高级职称人员、管理人员、设计研发人员、生产制造人员、试验检验人员、售后服务人员等。

a）员工与供应商签订劳动合同，具有社保证明，不得借用其他公司的人员。

b）中、高级职称人员具有相应职称证书。

c）供应商组织员工定期培训，并且对培训记录进行存档管理。

6 试验检测能力

6.1 试验检测管理

查阅相关的规章制度文件、过程记录以及出厂试验报告等相关信息。

供应商具有试验场所管理制度、操作规程、试验标准以及完整的试验数据记录。

6.2 ※试验调试场所

查看试验调试场所现场情况。

具有与核实产品相配套的试验场所，试验场所环境满足试验要求，试验场所不临时租用或借用。

6.3 ※试验检测设备

查阅设备的现场实际情况及购买合同、发票等相关信息。

a）主要的试验设备详见附录 C。试验检测设备为自有，不能租用借用其他公司的设备，且能正常使用。

b）试验中使用的计量器具及检测设备具备有效期内合格的检定/校准证书或检测报告。建立设备管理档案（包括使用说明、台账、保养维护记录等）。

6.4 现场抽样

6.4.1 抽查出厂试验报告

现场抽查至少两份出厂试验报告，报告规范完整、检测结果需满足相关标准要求。

6.4.2 ※抽样检测

原则上现场应对与被核实产品相同或相近型式的产品进行抽样检验。样品应在供应商声明的合格产品中抽取，抽样检验项目一般在出厂试验项目中选取。抽样检验重点核实供应商试验方法、试验场地环境、人员操作能力、仪器设备有效性和产品性能等方面。

现场抽取申请核实且具有出厂合格证的产品两台，每台至少抽检出厂试验报告中两项试验，检测结果需与产品出厂试验报告一致。出厂检验项目见附录 D。

7 原材料/组部件管理

7.1 管理规章制度及执行情况

查阅原材料/组部件（元器件）管理规章制度，并且按照原材料/组部件管理制度严格执行。

a) 具有进厂检验制度及其他原材料/组部件管理制度。

b) 具有主要原材料/组部件供应商筛选制度。

c) 按工艺文件所规定的技术要求和相应管理文件，根据生产计划采购。主要原材料/组部件供应商变更有相应的报告并在相关工艺文件中说明。

d) 按规定进行进厂检验，验收合格后入库。

e) 分类独立存放，物资仓库有足够的存储空间和适宜的环境，实行定置管理，标识清晰、正确、规范、合理。

f) 原材料/组部件使用现场记录内容规范、详实，并具有可追溯性。

7.2 主要原材料/组部件情况

查阅产品主要原材料/组部件的采购合同或协议、发票等相关信息。主要的原材料/组部件包括传感器（如检测传感器、流量传感器等）、标准气体、气路组件（如电磁阀组、自封快速接头、流量调节阀等）、电路板、锂电池、液晶显示屏、机箱等。

8 数智制造

应用互联网和物联网技术，打造"透明工厂"，生产制造、试验检验、原材料/组部件管理等信息对买方公开，接入国家电网电工装备智慧物联平台。

加强数字基础设施建设，推动数字技术与先进制造技术融合发展。供应商相关业务数据、原材料/组部件检验数据、生产过程检验数据、出厂试验数据、成品信息数据和视频数据等支持自动采集或系统推送。数据接口需保障数据完整性、正确性、安全性，具有可扩展性、通信实时性等。

9 绿色发展

查看供应商资源能源消耗情况、战略体系、绿色认证及其他支撑材料，包括：

a) 相关油、水、气、煤，及电力、热力等能源消耗，建立能源利用统计报表制度，分析生产经营环节能源利用情况；

b) 相关绿色工厂认证、绿色产品标识、绿色供应链管理等相关资质文件；

c) 将绿色发展理念融入战略体系中，并形成明确的绿色发展目标，制定详实且具有操作性的实施路径；

d) 建立、实施并保持支撑企业绿色低碳发展的绿色管理体系情况，包括但不限于能源管理体系、碳排放管理体系、能源计量管理体系等；

e) 使用无害原材料，禁止使用国家明令禁止的淘汰设备、工艺技术等，并应用国家鼓励的节能设备与先进工艺技术情况；

f) 建立完善的绿色采购管理制度，推广绿色包装材料应用，并建立系统的循环利用体系，实施绿色制造情况；

g) 生产环节的大气污染物排放、水体污染物排放、固体废弃物排放、噪声排放等基础排放符合相关国家标准及地方标准要求情况。

10 售后服务及产能

10.1 售后服务

查阅管理文件、组织机构设置、人员档案以及售后服务记录等相关信息，查阅以往的售后服务记录，记录完整规范，并具有可追溯性。

10.2 产能

通过供应商提供的产能报告，根据产品生产的瓶颈进行判断。产能报告中需体现产能瓶颈，产能按照 365 工作日×8 小时工作制计算。

本文件中所有核实内容都将对供应商参与招投标活动有重要影响，其中标记"※"的内容是以往招标必备项的要求，也是重点核实内容，其他未标记"※"的为一般核实内容。

附 录 A
检测项目或检验项目

SF$_6$纯度测试仪检测项目或检验项目见表 A.1。

表 A.1 SF$_6$纯度测试仪检测项目或检验项目

序号	检测项目或检验项目	
1	结构和外观检查	
2	功能检验	基本功能
		专项功能
3	性能特性测试	误差检验
		重复性检验
		响应时间
4	安全试验	接触电流
		介电强度试验
5	环境适应性试验	温度试验
		湿度试验
		振动试验
		冲击试验
6	包装运输试验	振动试验
		自由跌落试验
		翻滚试验
7	电磁兼容性试验	静电放电抗扰度试验
		射频电磁场辐射抗扰度试验
		电快速瞬变脉冲群抗扰度试验
		浪涌（冲击）抗扰度试验
		射频场感应的传导骚扰抗扰度试验
		工频磁场抗扰度试验
		电压暂降、短时中断抗扰度试验
8	外壳防护性试验	防尘试验
		防水试验

SF_6电气设备微量水分测试仪检测项目或检验项目见表 A.2。

表 A.2 SF_6电气设备微量水分测试仪检测项目或检验项目

序号	检测项目或检验项目	
1	结构和外观检查	
2	功能检查检验	基本功能
		专项功能
3	安全试验	接触电流
		介电强度试验
4	性能特性测试	测量流量（仅限电解式）
		误差检验
		响应时间
		重复性
5	电磁兼容性试验	静电放电抗扰度试验
		射频电磁场辐射抗扰度试验
		电快速瞬变脉冲群抗扰度试验
		浪涌（冲击）抗扰度试验
		射频场感应的传导骚扰抗扰度试验
		工频磁场抗扰度试验
		电压暂降、短时中断抗扰度试验
6	环境适应性试验	温度试验
		湿度试验
		振动试验
		冲击试验
7	包装运输试验	振动试验
		自由跌落试验
		翻滚试验
8	外壳防护性试验	防尘试验
		防水试验

SF$_6$分解产物检测仪检测项目或检验项目见表 A.3。

表 A.3 SF$_6$分解产物检测项目或检测仪检验项目

序号	检测项目或检验项目	
1	结构和外观检查	
2	功能检验	基本功能检验
		专项功能检验
		气体管路性能检查
3	性能特性测试	检测组分测试
		量程测试
		检测流量测试
		响应时间试验
		单组分准确度试验
		多组分准确度试验
		重复性试验
		40℃的性能试验
		−10℃的性能试验
		−25℃的性能试验（根据需要）
4	安全试验	安全性检查
		介电强度试验
5	环境适应性试验	温度试验
		湿度试验
		振动试验
		冲击试验
6	包装运输试验	振动试验
		自由跌落试验
		翻滚试验
7	电磁兼容性试验	静电放电抗扰度试验
		电快速瞬变脉冲群抗扰度试验
		浪涌（冲击）抗扰度试验
		工频磁场抗扰度试验
		电压暂降、短时中断抗扰度试验
8	外壳防护性试验	防尘试验
		防水试验

SF_6气体综合测试仪检测项目或检验项目见表 A.4。

表 A.4 SF_6气体综合测试仪检测项目或检验项目

序号	检测项目或检验项目		
1	结构和外观检查		
2	功能检验	基本功能	
		专项功能	
		气体管路检查	
3	性能特性试验	SF_6纯度测试模块	误差
			重复性
			响应时间
		SF_6微量水分测试模块	测量流量（仅限电解式）
			误差
			响应时间
			重复性
		SF_6气体分解物测试模块	检测组分
			量程
			检测流量
			响应时间
			单组分准确度
			多组分准确度
			重复性
			40℃的性能试验
			−10℃的性能试验
			−25℃的性能试验（仪器在低温环境使用）
4	安全试验	接触电流	
		介电强度试验	
		安全性检查	
5	环境适应性试验	温度试验	
		湿度试验	
		振动试验	
		冲击试验	

表 A.4（续）

序号		检测项目或检验项目
6	包装运输试验	振动试验
		自由跌落试验
		翻滚试验
7	电磁兼容性试验	静电放电抗扰度试验
		射频电磁场辐射抗扰度试验
		电快速瞬变脉冲群抗扰度试验
		浪涌（冲击）抗扰度试验
		射频场感应的传导骚扰抗扰度试验
		工频磁场抗扰度试验
		电压暂降、短时中断抗扰度试验
8	外壳防护性试验	防尘试验
		防水试验

附　录　B

生　产　设　备

生产设备检验项目见表 B.1。

表 B.1　生 产 设 备 检 验 项 目

序号	设备类别及名称
1	※装配类设备（如装配工作台、剥线机/钳等）
2	※焊接类设备（如焊枪、热风枪等）

附 录 C
试验检测设备和检测材料

试验检测设备和检测材料见表 C.1～表 C.4。

表 C.1 SF$_6$纯度测试仪检测设备和检测材料

序号	设备和材料名称
1	※标准气体稀释装置
2	※标准气体
3	※绝缘电阻表
4	※交流耐压测试仪

表 C.2 SF$_6$电气设备微量水分测试仪检测设备和检测材料

序号	设备和材料名称
1	※湿度发生装置
2	※标准湿度检测仪
3	※绝缘电阻表
4	※气体流量计
5	※交流耐压测试仪

表 C.3 SF$_6$分解产物检测仪检测设备和检测材料

序号	设备和材料名称
1	※标准气体稀释装置
2	※标准气体
3	※绝缘电阻表
4	※交流耐压测试仪

表 C.4 SF$_6$气体综合测试仪检测设备和检测材料

序号	设备和材料名称
1	※标准气体稀释装置
2	※标准气体

表 C.4（续）

序号	设备和材料名称
3	※绝缘电阻表
4	※湿度发生装置
5	※标准湿度检测仪
6	※气体流量计
7	※交流耐压测试仪

附 录 D
出 厂 检 验 项 目

出厂检验项目见表 D.1～表 D.4。

表 D.1 SF₆纯度测试仪出厂检验项目

序号	检验项目	
1	结构和外观检查	
2	功能检验	基本功能
		专项功能
3	性能特性测试	误差检验
		重复性检验
		响应时间
4	安全试验	接触电流
		介电强度试验

表 D.2 SF₆电气设备微量水分测试仪出厂检验项目

序号	检验项目	
1	结构和外观检查	
2	功能检查检验	基本功能
		专项功能
3	性能特性测试	测量流量（仅限电解式）
		误差检验
		响应时间
		重复性
4	安全试验	接触电流
		介电强度试验

表 D.3 SF₆分解产物检测仪出厂检验项目

序号	检验项目	
1	结构和外观检查	
2	功能检验	基本功能检验

表 D.3（续）

序号	检验项目	
2	功能检验	专项功能检验
		气体管路性能检查
3	性能特性测试	检测组分测试
		量程测试
		检测流量测试
		响应时间试验
		单组分准确度试验
		多组分准确度试验
		重复性试验
4	安全试验	安全性检查
		介电强度试验

表 D.4 SF_6 气体综合测试仪出厂检验项目

序号	检验项目		
1	结构和外观检查		
2	功能检验	基本功能	
		专项功能	
		气体管路检查	
3	性能特性试验	SF_6 纯度测试仪	误差
			重复性
			响应时间
		SF_6 纯度测试仪	测量流量（仅限电解式）
			误差
			响应时间
			重复性
		SF_6 气体分解物测试仪	检测组分
			量程
			检测流量

表 D.4（续）

序号	检验项目		
3	性能特性试验	SF$_6$气体分解物测试仪	响应时间
			单组分准确度
			多组分准确度
			重复性
4	安全试验		接触电流
			介电强度试验
			安全性检查

串联谐振装置
供应商资质能力信息核实规范

目　　次

串联谐振装置供应商资质能力信息核实规范

1 范围

本文件规定了国家电网有限公司对串联谐振装置产品供应商的资质条件以及制造能力信息进行核实的依据。

文件规范适用于国家电网有限公司串联谐振装置供应商的信息核实工作。

2 规范性引用文件

下列文件中的内容通过文中的规范性引用而构成本文件必不可少的条款。其中，注日期的引用文件，仅该日期对应的版本适用于本文件；不注日期的引用文件，其最新版本（包括所有的修改单）适用于本文件。下列标准部分正在更新中，不排除执行更新后标准的可能。

GB/T 16927.1—2011　高电压试验技术　第 1 部分：一般定义及试验要求

GB/T 16927.2—2013　高电压试验技术　第 2 部分：测量系统

GB/T 16927.3—2010　高电压试验技术　第 3 部分：现场试验的定义及要求

DL/T 849.6—2016　电力设备专用测试仪器通用技术条件　第 6 部分：高压谐振试验装置

3 资质信息

3.1 企业信息

3.1.1 ※基本信息

查阅营业执照。

供应商为中华人民共和国境内依法注册的法人或其他组织。

3.1.2 法定代表人/负责人信息

查阅法定代表人/负责人身份证（或护照）。

3.1.3 财务信息

查阅审计报告、财务报表，其中审计报告为具有资质的第三方机构出具。

3.1.4 资信等级证明

查阅银行或专业评估机构出具的证明。

3.1.5 注册资本和股本结构

查阅验资报告。

3.2 报告证书

3.2.1 ※检测报告

查阅检验报告。

检测报告出具机构为国家授权的专业检测机构。

a) 检验报告的委托单位和制造单位需为供应商自身。

b) 检验报告均系针对具体型号产品。

c) 产品在设计、材料或制造工艺改变或者产品转厂生产或异地生产时，需重新进行相应的试验。

d) 检验报告中的检验依据，需包含但不限于标准 DL/T 849.6《电力设备专用测试仪器通用技术条件　第 6 部分：高压谐振试验装置》。

e) 检验报告符合相应的国家标准、行业标准规定的检验项目和检验数值的要求，检验项目见附录 A。

3.2.2 ※质量管理体系

具有健全的质量管理体系，且运行情况良好，查阅管理体系认证书或其他证明材料。

3.3 产品业绩

查阅供货合同及相对应的发票。

a) 合同的供货方和产品实际生产方需为被核实供应商自身。

b) 供货合同与发票中载明的产品信息一致，供货数量以发票与合同中的较小值为准。

c) 不予统计的业绩有（不限于此）：

　　1) 作为元器件、组部件的业绩。

　　2) 证明材料无法确认供货业绩要求的所有要素的。

　　3) 供应商与经销商、代理商的业绩。

　　4) 供应商与同类供应商之间的业绩。

4 设计研发能力

4.1 技术来源与支持

查阅与合作支持方的协议，以及设计文件图纸等相关信息。

4.2 设计研发内容

查阅新产品新材料的设计、试验、关键工艺技术、质量控制方面的研发情况。

4.3 设计研发人员

查阅设计研发部门的机构设置及人员信息。

4.4 获得专利情况

查阅与产品相关的发明专利、实用新型专利。

4.5 参与标准制定情况

查阅主持或参与制（修）订并已颁布的国家标准或电力行业标准等证明材料信息，在发布的标准前言中需有被核实供应商的署名。

4.6 产品获奖情况

查阅与产品相关的省部级及以上获奖证书的相关信息。

5 生产制造能力

5.1 ※生产厂房

查阅不动产权证书、土地使用权证、房屋产权证、厂房设计图纸、房屋租赁合同等相关信息。

具有与产品相配套的厂房，厂房为自有或长期租赁，厂房面积、生产环境和工艺布局按从原材料/组部件到产品入库所规定的每道工序的工艺文件及工艺技术的要求合理布局，且能保证产品生产的需要。

5.2 生产工艺

查阅供应商提供的工艺控制文件、管理体系文件，以及工艺流程控制记录等相关信息。

5.2.1 工艺控制文件

查阅各工序的作业指导书、工艺控制文件需统一、规范。各工艺环节中无国家明令禁止的行为。

5.2.2 关键生产工艺控制

供应商按质量管理体系规定确定关键工序并列表，关键工序符合：

a) 产品工艺从原材料/组部件进厂检验、生产装配、出厂检验到产品入库所规定的每道工序的工艺技术能保证产品生产的需要。

b) 生产产品的各个工序需按工艺文件执行，现场记录内容规范、详实，并具有可追溯性。

c) 现场定置管理，有明显的标识牌。

5.2.3 标志标识

生产现场定置管理，有明显的标识牌，主要的生产设备的操作规程图表上墙。

5.3 ※生产设备

查阅设备的现场实际情况及购买合同、发票等相关信息。

a) 具有与产品生产相适应的设备，生产设备需自有，不得借用、租用其他公司的工装设备，自主研制的生产设备需提供设计图纸、委外加工协议等支撑材料，主要生产设备见附录 B。

b) 设备使用正常。生产用的计量仪器仪表具有有效期内的检定证书或校准证书，有明显的计量标识。建立设备管理档案（包括使用说明、台账、保养维护记录等），其维修保养等记录规范、详实，并具有可追溯性。

5.4 生产、技术、质量管理人员

查阅人力资源部门管理文件（如劳动合同、人员花名册、社保、培训记录、职称证书、学历或学位证书等），核实管理人员、设计研发人员、生产制造人员、试验检验人员、售后服务人员等。

a) 员工与供应商签订劳动合同，具有社保证明，不得借用其他公司的人员。

b) 中、高级职称人员需具有相应职称证书。

c) 供应商组织员工定期培训，并且对培训记录进行存档管理。

6 试验检测能力

6.1 试验场所

查看试验场所现场情况。

具有与产品检验相配套的试验场所，试验场所环境具备试验条件，试验场所不临时租用或借用。

6.2 试验检测管理

查阅相关的规章制度文件、原始记录以及出厂试验报告（逐套）等相关信息。

具有试验室管理制度、操作规程、试验标准，并在操作过程中严格按照规程执行。

6.3 ※试验检测设备

查阅设备的现场实际情况及购买合同、发票、计量检定/校准证书等相关信息。

a) 主要试验设备齐全（试验在本单位进行），检测要求符合国家标准、行业标准和国家电网有限公司物资采购标准的规定，不能租用、借用其他公司的设备；自主研制的试验设备需提供设计图纸、委外加工协议等支撑材料，试验检测设备见附录 C。

b) 设备使用正常，具有检定/校准证书，并在有效期内。强检计量仪器、设备具有相应资质单位出具的有效检定证书，校准证书需经过符合性评定确保校准参数和结果符合产品行业标准要求。建立设备管理档案（包括使用说明、台账、保养维护记录等），其维修保养等记录规范详实，具有可追溯性。

6.4 试验检测人员

查阅人力资源部门管理文件（如劳动合同、人员花名册等）、人员资质证书以及培训记录。

试验人员能独立完成试验，操作熟练，能理解并掌握相关国家标准、电力行业标准和国家电网有限公司物资采购标准的有关规定，并具有一定的试验结果分析能力。

6.5 现场抽样

6.5.1 抽查出厂试验报告及原始记录

抽查出厂试验报告及原始记录，出厂试验报告及原始记录完整、正确，存档管理。现场抽查至少两份出厂试验报告，报告规范完整、项目齐全，检测结果需满足相关标准要求。出厂试验项目见附录 D。

6.5.2 ※抽样检测

原则上现场应对与被核实产品相同或相近型式的产品进行抽样检验。样品应在供应商声明的合格产品中抽取，抽样检验项目一般在出厂试验项目中选取。抽样检验重点核实供应商试验方法、试验场地环境、人员操作能力、仪器设备有效性和产品性能等方面。

现场抽取申请核实且具有出厂合格证的产品两台，每台至少抽检出厂试验报告中两项试验，检测结果需与产品出厂试验报告一致。

7 原材料/组部件管理

7.1 管理规章制度

查阅原材料/组部件（元器件）管理规章制度，并且按照原材料/组部件管理制度严格执行。

a) 具有进厂检验制度及其他原材料/组部件管理制度。

b) 具有主要原材料/组部件供应商筛选制度。

7.2 管理规章制度执行情况

a) 按工艺文件所规定的技术要求和相应管理文件，根据生产计划采购。主要原材料/组部件供应商变更有相应的报告并在相关工艺文件中说明。

b) 按规定进行进厂检验，验收合格后入库。

c) 分类独立存放，物资仓库有足够的存储空间和适宜的环境，实行定置管理，标识清晰、正确、规范、合理。

d) 原材料/组部件使用现场记录内容规范、详实，并具有可追溯性。

7.3 主要组部件情况

查阅产品主要组部件合作商的采购合同或协议及对应组部件的出厂试验报告等相关信息，如自行开发或生产应提供相关证明材料。

主要原材料/组部件有：

a) 变频电源部分：空气开关、接触器、功率模块、功率管；

b) 励磁变压器、电抗器部分：漆包线、硅钢片、变压器油、绝缘材料；

c) 电容分压器；

d) 补偿电容器（若有）。

8 数智制造

应用互联网和物联网技术，打造"透明工厂"，生产制造、试验检验、原材料/组部件管理等信息对买方公开，接入国家电网电工装备智慧物联平台。

加强数字基础设施建设，推动数字技术与先进制造技术融合发展。供应商相关业务数据、原材料/组部件检验数据、生产过程检验数据、出厂试验数据、成品信息数据和视频数据等支持自动采集或系统推送。数据接口需保障数据完整性、正确性、安全性，具有可扩展性、通信实时性等。

9 绿色发展

查看供应商资源能源消耗情况、战略体系、绿色认证及其他支撑材料，包括：

a) 相关油、水、气、煤及电力、热力等能源消耗，建立能源利用统计报表制度，分析生产经营环节能源利用情况；

b） 相关绿色工厂认证、绿色产品标识、绿色供应链管理等相关资质文件；

c） 将绿色发展理念融入战略体系中，并形成明确的绿色发展目标，制定详实且具有操作性的实施路径；

d） 建立、实施并保持支撑企业绿色低碳发展的绿色管理体系情况，包括但不限于能源管理体系、碳排放管理体系、能源计量管理体系等；

e） 使用无害原材料，禁止使用国家明令禁止的淘汰设备、工艺技术等，并应用国家鼓励的节能设备与先进工艺技术情况；

f） 建立完善的绿色采购管理制度，推广绿色包装材料应用，并建立系统的循环利用体系，实施绿色制造情况；

g） 生产环节的大气污染物排放、水体污染物排放、固体废弃物排放、噪声排放等基础排放符合相关国家标准及地方标准要求情况。

10 售后服务及产能

10.1 售后服务

查阅管理文件、组织机构设置、人员档案以及售后服务记录等相关信息，查阅以往的售后服务记录，记录完整规范，并具有可追溯性。

10.2 产品产能

通过供应商提供的产能报告，根据产品生产的瓶颈进行判断。产能报告中需体现产能瓶颈，产能按照 365 工作日×8 小时工作制计算。

本文件中所有核实内容都将对供应商参与招投标活动有重要影响，其中标记"※"的内容是以往招标必备项的要求，也是重点核实内容，其他未标记"※"的为一般核实内容。

附 录 A

检 验 项 目

检验项目见表 A.1。

表 A.1 检 验 项 目

序号	检验项目
整套装置	
1	成套性检查
2	外观检查
3	输出电压初始值测量
4	输出电压调整速度检查和输出电压不稳定度测量
5	输出电压波形检查（谐波因数或电压总谐波失真度）
6	输出电压准确度校准
7	测量系统准确度校准（电容分压器频率系数测量）
8	绝缘电阻和绝缘水平
9	突发短路试验
10	温升试验
11	品质因数测量
12	局部放电测量
13	保护功能检验
变频电源	
1	外观检查
2	回路的绝缘电阻和交流耐压试验
3	控制和调节功能检查
4	保护功能检查
5	负载特性和温升试验
6	空载输出电压波形失真度测量注
7	噪声
励磁变压器	
1	外观检查
2	变比测量

表 A.1（续）

序号	检验项目
3	联结组标号测定
4	绕组电阻测量
5	绕组的绝缘电阻
6	外施耐压试验（绝缘试验）
7	感应耐压试验
8	空载损耗和空载电流试验
9	负载损耗和阻抗电压试验
10	温升试验
11	局部放电测量
谐振电抗器	
1	外观检查
2	电感测量
3	互感测量
4	绕组电阻测量
5	绝缘电阻
6	外施耐压试验（绝缘试验）
7	感应耐压试验
8	损耗
9	温升试验
10	局部放电测量
11	噪声测量
12	电感调整装置试验
分压器测量系统	
1	外观检查
2	电容量测量
3	分压比测量
4	绝缘电阻
5	绝缘水平（绝缘试验）
6	局部放电测量

附 录 B
主 要 生 产 设 备

主要生产设备包括：

a) 2吨及以上的行车（行吊）；

b) 绕线机；

c) 剪板机；

d) 车床；

e) 铣床；

f) 焊接设备。

附 录 C
试 验 检 测 设 备

试验检测设备包括：

a)　※直流电阻测试仪；

b)　※交流耐压试验装置；

c)　※电容电感测试仪；

d)　※电能质量分析仪（或功率分析仪）；

e)　※电容分压器；

f)　※介质损耗测试仪；

g)　※测温仪；

h)　局部放电测试仪；

i)　绝缘电阻测试仪；

j)　绝缘油介损测试仪；

k)　绝缘油介电强度测试仪。

注：※为主要试验设备。

附 录 D

出 厂 试 验 项 目

出厂试验项目包括：

a） 输出电压初始值测量；

b） 输出电压调整速度检查和输出电压不稳定度测量；

c） 输出电压波形检查；

d） 输出电压准确度校准；

e） 测量系统准确度校准；

f） 绝缘电阻和绝缘水平；

g） 突发短路试验；

h） 品质因数测量；

i） 保护功能检验。

继电保护测试仪
供应商资质能力核实规范

目　次

继电保护测试仪供应商资质能力核实规范

1 范围

本文件是国家电网有限公司对继电保护试验装置产品供应商的资质条件以及制造能力进行核实的依据，供应商应满足本文件的要求，还应符合国家现行的有关标准的规定。

本文件适用于国家电网有限公司继电保护试验装置产品供应商的核实工作。包括：

a) 数字式继电保护测试仪；

b) 模拟式继电保护测试仪；

c) 手持式继电保护测试仪；

d) 数模一体式继电保护测试仪。

2 规范性引用文件

下列文件中的内容通过文中的规范性引用而构成文本必不可少的条款。其中，注日期的引用文件，仅该日期对应的版本适用于本文件。不注日期的引用文件，其最新版本（包括所有的修改单）适用于本文件。

DL/T 624　继电保护微机型试验装置技术条件

DL/T 1501　数字化继电保护试验装置技术条件

Q/GDW 11263　智能变电站继电保护试验装置通用技术条件

国家电网有限公司物资采购标准　电气仪器仪表卷

国家电网有限公司物资采购标准　继电保护测试仪册

3 资质信息

3.1 企业信息

3.1.1 ※基本信息

查阅营业执照。

供应商为中华人民共和国境内依法注册的法人或其他组织。

3.1.2 法定代表人信息

查阅法定代表人身份证（或护照）。

3.1.3 财务信息

查阅供应商的审计报告、财务报表，其中审计报告为具有资质的第三方机构出具。

3.1.4 资信等级证明

查阅供应商的银行或专业评估机构出具的证明。

3.1.5 注册资本和股本结构

查阅供应商的审计报告。

3.2 报告证书

3.2.1 ※检验报告

查阅检验报告。

a) 报告出具机构须为国家授权的专业检测机构，应具有计量认证证书（CMA）及中国合格评定国家认可委员会颁发的实验室认可证书（CNAS）。检测机构名单详见附录 A。

b) 检验报告的委托方和产品制造方是供应商自身。

c) 检验产品类型与被核实的产品相一致。

d) 产品的检验报告符合相应的国家标准、行业标准、国家电网有限公司物资采购标准规定的试验项目和试验数值的要求,检验报告的检验依据应包含 DL/T 624，检验报告项目详见附录 B。

e) 产品在设计、材料或制造工艺改变或者产品转厂生产或异地生产时，应重取得检验报告。

3.2.2 ※质量管理体系

具有健全的质量管理体系，且运行情况良好，查阅管理体系认证证书或其他证明材料。

3.3 供货业绩

查阅供货合同及相对应的销售发票。

a) 合同的供货方和产品实际生产方应为被核实供应商自身。

b) 供货合同与发票中载明的产品信息一致，供货数量以发票与合同中的较小值为准。

c) 出口业绩应提供出口业绩的报关单、合同应提供中文版本或经公证后的中文译本。

d) 不予统计的业绩有（不限于此）：

    1) 作为元器件、组部件的业绩；

    2) 证明材料无法确认供货业绩要求的所有要素的；

    3) 供应商与经销商、代理商的业绩；

    4) 供应商与同类供应商之间的业绩。

3.4 人员构成

查阅人力资源部门管理文件（如劳动合同、人员花名册、社保、培训记录、职称证书等），包括管理人员、设计研发人员、生产制造人员、试验检验人员、售后服务人员等人员信息。

员工应与供应商签订劳动合同，具有社保证明，不可借用其他公司的人员。

4 设计研发能力

4.1 技术来源与支持

查阅技术来源、设计文件图纸（原理图、材料清单）相关信息。

4.2 获得专利情况

查阅与产品相关的发明专利、实用新型专利。

4.3 参与标准制定情况

查阅参与制定并已颁布的国家标准、行业标准等证明材料信息。

4.4 产品获奖情况

查阅产品获奖证书等相关信息。

4.5 软件著作权情况

查阅与产品相关的软件著作权。

5 生产制造

5.1 ※生产场地

查阅不动产权证书、土地使用权证、房屋产权证、厂房设计图纸、房屋租赁合同、用电客户编号等相关信息。

具有与产品生产相配套的厂房，厂房若为租用则需有长期租用合同（租赁期至少 1 年）。其生产厂房面积、生产环境和工艺布局应按从原材料/组部件到产品入库所规定的每道工序的工艺文件及工艺技术的要求合理布局，且能保证被核实产品的生产。

5.2 生产工艺

查阅工艺控制文件、管理文件以及工艺流程控制记录等相关信息。

5.2.1 工艺控制文件

各工序的作业指导书、工艺控制文件应齐全、统一、规范。其工艺文件中所规定的关键技术要求和技术参数不低于国家标准、电力行业标准、国家电网有限公司企业标准和物资采购标准。各工艺环节中无国家明令禁止的行为。

完整的工艺文件至少包括产品质量重要度分级、外购外协件清单及检测标准、生产工序流程、过程控制工艺卡、产品质量检验标准、生产操作手册、安装使用说明书等。

5.2.2 关键生产工艺控制

产品工艺技术应成熟、稳定。从原材料/组部件到产品入库所规定的每道工序的工艺技术能保证产品生产的需要。生产产品的各个工序（如部件调试、整机装配、整机调试、高温老化）应按工艺文件执行，现场记录内容规范、详实，并具有可追溯性。现场定置管理，有明显的标识，主要的生产设备的操作规程图表上墙。

5.3 ※生产设备

查阅设备的现场实际情况及购买发票等相关信息。

具有与产品生产相适应的设备，主要生产设备不能租用或借用。主要生产设备应至少包含：示波器、高精度电流电压测量仪器。

生产设备应使用正常，具有相应资质单位出具的有效检定证书（报告），并在检定合格期内。建立设备管理档案（包括使用说明、台账、保养维护记录等），其维修保养等记录规范详实，具有可追溯性。

6 试验检测

6.1 试验场所

查看试验场所现场情况。

具有与试验产品相配套的试验场所，试验场所环境满足试验要求。

6.2 试验检测管理

查阅相关的规章制度文件、过程记录以及出厂试验报告等相关信息。

具有试验室管理制度、操作规程、试验标准，并在操作过程中严格按照规程执行。

6.3 ※试验检测设备

查阅设备的现场实际情况及购买发票等相关信息。

a) 设备齐全，不能租用、借用其他公司的设备或委托其他单位进行试验。主要试验设备如下：示波器、高精度电流电压测量仪器、录波器、电力系统时间同步装置、网络报告分析仪（数字式必要）。

b) 设备使用正常，具有相应资格单位出具的有效期内的检定证书或校准证书。建立设备管理档案（包括使用说明、台账、保养维护记录等），其维修保养等记录规范、详实，具有可追溯性。

6.4 现场抽样

6.4.1 抽查出厂试验报告

现场抽查至少两份出厂试验报告，报告应规范完整，出厂检验项目见附录B。

6.4.2 ※抽样检测

原则上现场应对与被核实产品相同或相近型式的产品进行抽样检验。样品应在供应商声明的合格产品中抽取，抽样检验项目一般在出厂试验项目中选取。抽样检验重点核实供应商试验方法、试验场地环境、人员操作能力、仪器设备有效性和产品性能等方面。

现场抽取申请核实且具有出厂合格证的产品两台，每台至少抽检出厂试验报告中两项试验，检测结果应与产品出厂试验报告一致。

7 原材料/组部件管理

7.1 管理规章制度

查阅原材料/组部件管理规章制度。

a) 具有进厂检验制度和原材料/组部件管理制度。

b) 具有主要原材料/组部件供应商筛选制度，外购原材料/组部件生产厂家应通过质量管理体系认证。

7.2 管理控制情况

查看原材料/组部件管理实际执行情况。

a) 不能采用国家明令禁止的原材料/组部件。

b) 按规定进行进厂检验，验收合格后入库。

c） 分类独立存放，物资仓库有足够的存储空间和适宜的环境，实行定置管理，标识清晰、正确、规范、合理。

d） 原材料/组部件管理制度严格执行，且原材料/组部件使用现场记录内容规范、详实，并具有可追溯性。

8 数智制造

应用互联网和物联网技术，打造"透明工厂"，生产制造、试验检验、原材料/组部件管理等信息对买方公开，接入国家电网电工装备智慧物联平台。

加强数字基础设施建设，推动数字技术与先进制造技术融合发展。供应商相关业务数据、原材料/组部件检验数据、生产过程检验数据、出厂试验数据、成品信息数据和视频数据等支持自动采集或系统推送。数据接口需保障数据完整性、正确性、安全性，具有可扩展性、通信实时性等。

9 绿色发展

查看供应商资源能源消耗情况、战略体系、绿色认证及其他支撑材料，包括：

a） 相关油、水、气、煤及电力、热力等能源消耗，建立能源利用统计报表制度，分析生产经营环节能源利用情况；

b） 相关绿色工厂认证、绿色产品标识、绿色供应链管理等相关资质文件；

c） 将绿色发展理念融入战略体系中，并形成明确的绿色发展目标，制定详实且具有操作性的实施路径；

d） 建立、实施并保持支撑企业绿色低碳发展的绿色管理体系情况，包括但不限于能源管理体系、碳排放管理体系、能源计量管理体系等；

e） 使用无害原材料，禁止使用国家明令禁止的淘汰设备、工艺技术等，并应用国家鼓励的节能设备与先进工艺技术情况；

f） 建立完善的绿色采购管理制度，推广绿色包装材料应用，并建立系统的循环利用体系，实施绿色制造情况；

g） 生产环节的大气污染物排放、水体污染物排放、固体废弃物排放、噪声排放等基础排放符合相关国家标准及地方标准要求情况。

10 售后服务

查阅管理文件、组织机构设置、人员档案以及售后服务记录等相关信息。

本文件中所有核实内容都将对供应商参与招投标活动有重要影响，其中标记"※"的内容是以往招标必备项的要求，也是重点核实内容，其他未标记"※"的为一般核实内容。

附 录 A
检 验 报 告 出 具 机 构

检验报告出具机构包括：

a) 中国电力科学研究院有限公司/电力工业电力设备及仪表质量检验测试中心/电力工程电力系统自动化设备质量检验测试中心；

b) 国网电力科学研究院实验验证中心；

c) 许昌开普检测技术有限公司/国家继电保护及自动化设备质量监督检验中心；

d) 国家电网有限公司自动化设备电磁兼容实验室；

e) 其他国家授权的专业检测机构或者国际权威机构。

附　录　B
出　厂　检　验　项　目

出厂检验项目见表 B.1 和表 B.2。

表 B.1　数字式继电保护测试仪出厂检验项目

序号	检验项目名称	型式检验	出厂检验
1	结构及外观	△	△
2	试验装置的配置	△	△
3	报文一致性	△	△
4	异常报文模拟	△	△
5	输出独立采样值的能力	△	△
6	输出交流量的范围	△	△
7	输出交流量的准确度	△	△
8	输出交流量的最小变化步长	△	△
9	输出交流量频率的范围	△	△
10	输出交流量频率的准确度	△	△
11	输出交流量频率的最小变化步长	△	△
12	输出交流量相位的范围	△	△
13	输出交流量相位的准确度	△	△
14	输出交流量相位的最小变化步长	△	△
15	合闸角控制的范围	△	△
16	合闸角控制的准确度	△	△
17	合闸角控制的最小变化步长	△	△
18	输出交流量的总畸变率	△	△
19	输出交流量的直流分量	△	△
*20	SV 输出时间间隔离散值	△	△
*21	同一装置不同端口输出的同步性	△	△
22	SV 延时	△	△
23	时间测量的范围	△	△
24	时间测量的准确度	△	△
25	时间测量的分辨率	△	△

表 B.1（续）

序号	检验项目名称		型式检验	出厂检验
26	时间控制的范围		△	△
27	时间控制的准确度		△	△
28	时间控制的最小变化步长		△	△
29	GOOSE 接收和发布能力		△	△
30	硬接点开出量接口	数量	△	△
		接口的遮断容量	△	△
		接口响应时间	△	△
31	硬接点开入量	数量	△	△
		接口的性能	△	△
		接口响应时间	△	△
32	光纤接口数量		△	△
33	光纤接口发送功率和接收功率		△	△
*34	被同步后输出报文的同步性		△	△
35	基本测试功能	手动测试	△	△
		递变测试	△	△
		多种连续状态的测试	△	△
36	专用测试功能	距离（阻抗）保护测试	△	△
		零序保护测试	△	△
		纵联保护测试	△	△
		自动重合闸测试	△	△
		差动保护测试	△	△
		低频减载测试	△	
		低压减载测试	△	
		自动准同期测试	△	
		备用电源自动投入装置测试	△	
		备用电源快速切换装置测试	△	
		复合电压闭锁方向过流保护测试	△	△
		反时限特性保护测试	△	△

表 **B**.1（续）

序号	检验项目名称		型式检验	出厂检验
36	专用测试功能	工频变化量距离保护测试	△	
		叠加谐波功能测试	△	△
		模拟振荡功能	△	
		叠加直流分量（非周期分量）	△	
		故障回放功能	△	
37	整组操作试验		△	△
38	试验报告		△	
39	异常报警		△	△
40	长期运行试验		△	△
41	安全标志		△	△
42	安全接地		△	△
43	绝缘电阻		△	△
44	介质强度		△	△
45	承受振动耐久能力		△	
46	承受冲击耐久能力		△	
47	承受碰撞能力		△	
48	温度影响		△	
49	耐湿热性能		△	
50	供电电源影响		△	
51	承受脉冲群干扰能力		△	
52	承受静电放电干扰能力		△	
53	承受辐射电磁场干扰能力		△	
54	承受快速瞬变干扰能力		△	
55	电磁发射试验		△	
56	外壳防护		△	

注 1. 标"△"项目为 DL/T 624《继电保护微机型试验装置技术条件》和 DL/T 1501《数字化继电保护试验装置技术条件》规定的试验项目。

2. 标"*"项目为检验报告应包含的试验项目。

表 **B**.2 模拟式继电保护测试仪出厂检验项目

序号	检验项目名称	型式检验	出厂检验
1	结构及外观	△	△

表 B.2（续）

序号	检验项目名称	型式检验	出厂检验
2	试验装置的配置	△	△
*3	输出交流电流的范围	△	△
*4	输出交流电流准确度	△	△
5	输出交流电流的最小变化步长	△	△
6	交流电流源带载能力（输出功率）	△	△
7	电流源输出交流电流频率准确度	△	△
8	交流电流源输出频率的最小变化步长	△	△
9	交流电流源的幅频特性	△	△
10	输出交流电流总畸变率	△	△
11	交流电流的直流分量	△	△
12	输出交流电流的响应速度	△	△
13	输出交流电流的负载稳定性	△	△
14	输出交流电流的输出时间的稳定性	△	△
*15	输出交流电压的范围	△	△
*16	输出交流电压准确度	△	△
17	输出交流电压的最小变化步长	△	△
18	交流电压源负载能力（输出功率）	△	△
19	电压源输出交流电压频率准确度	△	△
20	交流电压源输出频率的最小变化步长	△	△
21	交流电压源的频幅特性	△	△
22	输出交流电压总畸变率	△	△
23	交流电压的直流分量	△	△
24	输出交流电压的响应速度	△	△
25	输出交流电压的负载稳定性	△	△
26	输出交流电压的输出时间的稳定性	△	△
27	输出交流电流与电压的同步性	△	△
28	三相电源的对称性	△	△
29	交流电压与电流相位调整范围	△	△
30	交流电压与电流相位准确度	△	△
31	交流电压与电流相位的最小变化步长	△	△

表 B.2（续）

序号	检验项目名称		型式检验	出厂检验
32	合闸角控制范围		△	△
33	合闸角控制准确度		△	△
34	合闸角控制的最小变化步长		△	△
35	输出直流电压的范围		△	△
36	输出直流电压准确度		△	△
37	输出直流电压的最小变化步长		△	△
38	直流电压源输出功率		△	△
39	直流电压源纹波系数		△	△
40	直流电压的响应速度		△	△
41	输出直流电流的范围		△	△
42	输出直流电流准确度		△	△
43	输出直流电流的最小变化步长		△	△
44	直流电流源输出功率		△	△
45	直流电流源纹波系数		△	△
46	直流电流的响应速度		△	△
47	时间测量范围		△	△
48	时间测量准确度		△	△
49	时间测量分辨度		△	△
50	开出量接口	*数量	△	△
		接口的遮断容量	△	△
		接口响应时间	△	△
51	开入量接口	*数量	△	△
		接口的遮断容量	△	△
		接口响应时间	△	△
52	试验装置就地同步精度		△	△
53	试验装置远端同步精度		△	△
54	试验装置安全标志		△	△
55	试验装置保护及报警功能		△	△
56	试验装置安全接地标志		△	△
57	试验装置绝缘电阻		△	△

表 B.2（续）

序号	检验项目名称		型式检验	出厂检验
58	试验装置介质强度		△	△
59	试验装置的电气间隙和爬电距离		△	
60	承受振动耐久能力		△	
61	承受冲击耐久能力		△	
62	承受碰撞能力		△	
63	耐湿热试验		△	
64	脉冲群抗扰度试验		△	
65	静电放电抗扰度试验		△	
66	辐射电磁场抗扰度试验		△	
67	电快速脉冲群抗扰度试验		△	
68	外壳防护		△	
69	基本功能	手动测试功能试验	△	
		递变量测试功能试验	△	
		多种状态序列测试	△	
70	专用测试功能试验	阻抗保护测试	△	
		零序保护测试	△	
		纵联保护测试	△	
		自动重合闸装置	△	
		差动保护测试	△	
		低频减载装置	△	
		低压减载装置	△	
		自动准同期装置	△	
		备用电源自动投入装置	△	
		备用电源快速切换装置	△	
		复合电压闭锁方向过流保护	△	
		反时限特性保护测试	△	
		失磁保护测试	△	
		工频变化量阻抗保护	△	
		叠加谐波功能	△	
		模拟系统振荡功能	△	

表 B.2（续）

序号	检验项目名称		型式检验	出厂检验
70	专用测试功能试验	叠加直流分量	△	
		故障再现功能	△	
71	保护整组功能试验		△	
72	试验报告		△	
73	环境温度影响试验		△	
74	输入电源影响试验		△	

注　1. 标"△"项目为 DL/T 624《继电保护微机型试验装置技术条件》和 DL/T 1501《数字化继电保护试验装置技术条件》规定的试验项目。

　　2. 标"*"项目为检验报告应包含的试验项目。